Wie du dein
LEBEN
LIEBEN
kannst

ENTDECKE DIE LEBENSQUALITÄT, DIE GOTT SCHENKT

JOYCE MEYER

MINISTRIES

Copyright © 2018 by Joyce Meyer
Titel der Originalausgabe: Living a Life You Love
Originalverlag: FaithWords Hachette Book Group, New York, U.S.A.

© Alle Rechte der deutschen Ausgabe bei
Joyce Meyer Ministries GmbH
Postfach 76 10 01
22060 Hamburg
joyce-meyer.de
Tel. +49 (0)40 88 88 4 11 11

Print-ISBN: 978-3-945678-34-3
ePub-ISBN: 978-3-945678-87-9

Bestellungen bitte an die oben stehende Adresse richten.

1. Auflage, November 2019

Bibelzitate wurden meist folgender Bibelausgabe entnommen:
Neues Leben. Die Bibel © 2002 / 2006 / 2017 SCM R.Brockhaus in der SCM Verlagsgruppe
GmbH, Witten.

Sonstige verwendete Bibelausgaben:
Bibeltext der *Schlachter Übersetzung* © 2000 Genfer Bibelgesellschaft, CH-1204 Genf.
Revidierte Elberfelder Bibel (Rev. 26) © 1985/1991/2008 SCM R.Brockhaus im
SCM-Verlag GmbH & Co. KG, Witten
Amplified Bible, Classic Edition. Copyright © 1954, 1958, 1962, 1964 1965, 1987
by The Lockman Foundation.

Übersetzung: Doris C. Leisering
Lektorat: Esther Keith
Layout: Janine Morales Ramon
Satz: Satz & Medien Wieser, Stolberg
Druck und Verarbeitung: CPI books GmbH

Wie du dein
LEBEN
LIEBEN
kannst

Inhalt

Teil 3

Liebe andere Menschen, und du wirst dein Leben lieben 187

Sei so damit beschäftigt, dein Leben zu lieben, dass du keine Zeit für Hass, Angst oder Bedauern hast.
– Quelle unbekannt

Einleitung

Was liebst du? Ich meine, was liebst du *wirklich*?

Wenn es dir so geht wie den meisten Menschen, sagst du vielleicht: »Ich liebe meine Familie«, »Ich liebe meinen Ehepartner, meine Freunde, meine Gemeinde« oder sogar »Ich liebe Gott.« Und dann gibt es die eher vergänglichen Dinge, die wir alle genießen, wie: »Ich liebe mein Haus«, »Ich liebe ein gutes Essen in einem schönen Restaurant«, »Ich liebe eine gute Tasse Kaffee«, »Ich liebe es, shoppen zu gehen« oder »Ich liebe einen erholsamen Urlaub zur richtigen Zeit.«

Das alles sind wunderbare Dinge und vollkommen vernünftige Antworten. Wir lieben und schätzen die Menschen und Dinge in unserem Leben, die uns ein gewisses Maß an Zufriedenheit und Glück bringen.

Ich habe allerdings festgestellt, dass nur sehr wenige Menschen antworten: »Joyce, ich *liebe* mein Leben!« Die meisten von uns sind eher frustriert über ihr Leben als im Frieden damit. Nur sehr wenige Menschen führen ein Leben voller Freude, wachen morgens begeistert auf und sind gespannt darauf, was Gott als Nächstes tun wird. Ich glaube, eine gute Frage, die wir uns alle stellen sollten, lautet: »Ertrage ich mein Leben einfach nur und versuche, jeden einzelnen Tag zu überstehen, oder liebe ich es wirklich?«

Wenn du dein Leben nicht liebst, solltest du versuchen, etwas daran zu ändern. Vielleicht brauchst du eine neue Einstellung oder Perspektive. Vielleicht musst du dir eine neue Arbeitsstelle suchen oder sogar in eine andere Stadt umziehen. Vielleicht brauchst du neue Freunde und musst lernen, dich so zu sehen, wie Gott dich sieht. Es gibt Dinge, die wir dazu beitragen können, unser Leben liebenswert zu machen. Schließlich haben wir nur das eine Leben, und wir sollten es lieben und voller Begeisterung und Eifer leben.

Ich möchte gleich zu Anfang etwas sehr Wichtiges erwähnen, und zwar, dass wir unser Leben nie mit dem eines anderen vergleichen sollten; denn das Vergleichen bewirkt oft, dass wir unser eigenes Leben nicht von Herzen und voller Freude lieben. Ich möchte dir helfen, *dein* Leben lieben zu lernen. Du hast nur dieses eine, und Gott wird dir nicht das Leben eines anderen geben. Also: Wie wäre es, wenn du das nimmst, was dir gegeben wurde, und daraus das Bestmögliche machst?

Der Alltagstrott kann uns zermürben. Die Rechnungen stapeln sich, der Terminkalender platzt aus allen Nähten, die Diät scheint nicht anzuschlagen, der Straßenverkehr treibt uns in den Wahnsinn, die Untersuchungsergebnisse vom Arzt sind besorgniserregend, die Kinder benehmen sich nicht, die Arbeit schlaucht uns – und zu allem Überfluss tropft der verflixte Wasserhahn in der Küche schon wieder!

Diese und ähnliche Ärgernisse sorgen allzu oft dafür, dass wir nur überleben statt tatsächlich das Leben zu genießen. Ich kann mir vorstellen, dass viele meiner Leser zustimmend nicken, wenn sie diese Worte lesen. Das Leben kann, gelinde gesagt, eine Herausforderung sein. Doch das Leben eines jeden Menschen ist in irgendeiner Weise immer mal herausfordernd, und darum ist es sinnlos, sich das Leben eines anderen zu wünschen. Es kann sogar sein, dass man leichter mit den eigenen Problemen klarkommt als mit denen der anderen …

Du kannst zu einem Menschen werden, der sagt: *»Ich liebe mein Leben.«* Wir können vor Herausforderungen stehen, mit Frustration zu kämpfen haben, uns in Umständen befinden, die alles andere als angenehm sind, und trotzdem unser Leben lieben.

Ich denke an die Beispiele, die wir in der Bibel finden:

- David hatte es mit Riesen, gegnerischen Armeen und einem Vater zu tun, der seine Brüder ihm vorzog, und dennoch schrieb er: *Du wirst mir den Weg zum Leben zeigen und mir die Freude deiner Gegenwart schenken. Aus deiner Hand kommt mir ewiges Glück* (Psalm 16,11).

- Salomo stand unter dem Druck, den Tempel zu bauen und ein Königreich zu regieren, und doch sagte er: *Denn es ist ein Geschenk Gottes, wenn jemand isst und trinkt und sich über die Früchte seiner Arbeit freuen kann* (Prediger 3,13).
- Der Apostel Paulus erlebte Schiffbruch, ein körperliches Leiden, ständige Kritik und Verfolgung, doch er sagte: *Nicht, dass ich etwas gebraucht hätte! Ich habe gelernt, mit dem zufrieden zu sein, was ich habe* (Philipper 4,11).
- Maria brachte nach einer Reise unter extremen Umständen ihr Kind in einer Scheune zur Welt, und doch sagte sie: *Er hat seiner unbedeutenden Magd Beachtung geschenkt, darum werden mich die Menschen in alle Ewigkeit glücklich preisen* (Lukas 1,48).

Diese Männer und Frauen erlebten zu verschiedenen Zeiten Schwierigkeiten, Herausforderungen, Widerstände und Frustration, doch sie konnten über all das hinwegsehen und ein Leben voller Freude und Zufriedenheit führen. Sie lernten das Geheimnis, ihr Leben zu lieben!

Was ich dir auf den kommenden Seiten mitgeben möchte, ist auf jahrelanges Bibelstudium und *viele* persönliche Erfahrungen zurückzuführen. Es gab nämlich eine Zeit in meinem Leben, in der ich in Frustration, Wut und Unsicherheit feststeckte. Wegen des Missbrauchs, den ich als Kind durch meinem Vater erlitten hatte, gab es vieles, was ich als Erwachsene aufarbeiten musste. Ich hatte Probleme mit Wut, ließ mich leicht entmutigen, verglich mich mit den Menschen in meinem Umfeld und arbeitete bis zur Erschöpfung, um meine Ziele zu erreichen. Ich liebte Gott, ich liebte es, sein Wort zu lehren, und ich liebte meine Freunde und Familie, doch ich konnte nicht aufrichtig behaupten, dass ich mein Leben liebte. Ich wollte und suchte ständig nach »etwas anderem«, das sich schwer definieren ließ.

Ich dachte, es würde die Sehnsucht in meiner Seele stillen, aber irgendwie glitt es mir immer durch die Finger.

Doch Gott hat mich über die Jahre viel gelehrt. Es war nicht immer leicht, und ich habe unterwegs sicherlich eine Menge Fehler gemacht, doch heute kann ich mit Überzeugung sagen, dass ich das Leben liebe, das Gott mir gegeben hat. Ich liebe es nicht, weil es perfekt ist, sondern weil es ein Geschenk von Gott ist.

Die Wahrheit ist, dass Gott auch dir ein wunderbares, von Freude erfülltes, überwindendes Leben geschenkt hat. Du musst es nur entdecken. Und ich glaube, dieses Buch wird dir genau dabei helfen. Das Leben, das wir derzeit haben, ist das *einzige* Leben, das wir haben – und es nicht zu mögen, wird an dieser Tatsache nichts ändern. Wenn Gott dich auffordert, eine Veränderung vorzunehmen, die dir helfen wird, es mehr zu genießen, dann lass dich darauf ein. Doch wenn nicht, dann ist es an der Zeit, dein Leben anzunehmen und zu lernen, es zu lieben!

In den kommenden Kapiteln wird es mir hoffentlich gelingen, dich herauszufordern und dir das Werkzeug an die Hand zu geben, das du brauchst, um ein Leben zu führen, das du liebst. Manches wird dich an Dinge erinnern, die Gott dir bereits gezeigt hat, doch vieles, worüber wir sprechen werden, sind sicher neue Impulse für Schritte, die du auf deiner geistlichen Reise tun kannst. Auf den folgenden Seiten wirst du beispielsweise entdecken, dass …

- … du kein Leben führen kannst, das du liebst, wenn nicht die Liebe das zentrale Thema deines Lebens ist.
- … deine Einstellung dein Leben mehr beeinflusst als alle äußeren Umstände es jemals könnten.
- … jeder neue Tag mehr als nur ein weiterer Tag der Woche ist, sondern eine neue Gelegenheit, ein neuer Anfang. Du kannst mit einer erwartungsvollen Haltung leben.

- ... du anfangen solltest, Dinge zu tun, die du schon immer tun wolltest, bisher aber auf später verschoben hast.
- ... es Gottes Wille für dich ist, dass du deine Siege und Fortschritte feierst, ganz gleich wie klein sie sind.

Und noch viel mehr!

Wenn du bereit bist, mit einer ganz neuen Einstellung zu leben, deine Hindernisse zu überwinden und dich beim Aufwachen auf den Tag zu freuen statt ihn zu fürchten, dann lies weiter. Dies wird ein Buch sein, das du immer wieder zur Hand nehmen willst. Und ich glaube, letzten Endes wirst du ein für alle Mal sagen können: *Ich liebe das Leben, das **Gott** mir gegeben hat!*

Teil 1

Das Leben zu lieben beginnt damit, Gott zu lieben

Jesus antwortete: »›Du sollst den Herrn, deinen Gott, lieben, von ganzem Herzen, mit ganzer Seele und mit all deinen Gedanken!‹«

Matthäus 22,37

KAPITEL 1

Gott hat einen wunderbaren Plan für dich

*Fürchte dich nie davor, die Zukunft, die du nicht
kennst, dem Gott anzuvertrauen, den du kennst.*

– Corrie ten Boom

Wir alle planen von Natur aus. Das gehört einfach zu unserem
Menschsein – wir wollen wissen, was der Plan ist. *Welche Richtung soll ich im Leben einschlagen? Wie wird es weitergehen?*
Oder vielleicht betrifft es kleinere Dinge, wie: *Was soll ich heute
zum Abendessen kochen?*, oder: *Was soll ich zur Betriebsweihnachtsfeier anziehen?* Große oder kleine Pläne, später oder heute
noch – in gewisser Hinsicht sind wir alle Planer.

Manche Menschen nehmen das ernster als andere. Beispielsweise gibt es Menschen, die die nächsten zehn Jahre ihres Leben
schon sehr detailliert geplant haben. Sie wissen genau, welche
berufliche Laufbahn sie anstreben, was für ein Haus sie bauen
und wie viele Kinder sie haben wollen. Ihre Investitionspläne
laufen wie beabsichtigt, und ihre Beziehungsziele erreichen sie
planmäßig. Nichts wird dem Zufall überlassen. Schließlich haben sie Pläne!

Und dann gibt es andere, die ein wenig flexibler sind. Sicher,
sie planen auch, aber nur für die nächsten ein oder zwei Wochen. Höchstens für ein Jahr. Diese Menschen haben Hoffnungen und Träume wie alle anderen auch, doch sie haben nicht
gerade einen Zeitplan dafür aufgestellt. Sie sind zwangloser und
entspannter. Das Budget ist nichts weiter als eine Richtlinie, die
Karriere wird schon laufen, und ihre Pläne könnte man gut unter der Überschrift »Abwarten und Tee trinken« zusammenfassen.

Doch egal ob Langzeit- oder Kurzzeitplaner, ich möchte dir heute eine Warnung mitgeben: Dein Plan ist fehlerhaft. Ganz gleich wie lange du daran gearbeitet hast oder wie todsicher er dir erscheint, kann dir *dein* Plan doch nur ein begrenztes Maß an Glück bringen.

Wenn wir unsere eigenen Pläne schmieden, besteht das Problem nämlich in den menschlichen Begrenzungen, die uns allen gesetzt sind. Wir wissen nicht, was nächste Woche auf uns zukommt, geschweige denn nächstes Jahr. Wir wissen nicht, welche Herausforderungen oder Gelegenheiten uns begegnen werden. Wir wissen nicht, welche Entscheidungen die Menschen in unserem Umfeld treffen werden, und wir wissen nicht, wie die Welt sich in den kommenden Jahren verändern wird.

Viele Variablen können unsere Pläne verändern. Ganz ehrlich: Wir wissen nicht einmal, ob wir in zwei Jahren noch das Gleiche wollen wie heute. Du hast deine Meinung schon öfter geändert; wer sagt denn, dass du sie nicht wieder ändern wirst? Deine beruflichen Ziele könnten sich verändern. Vielleicht musst du eine Aufgabe übernehmen, die du nicht eingeplant hattest. Deine finanziellen Verpflichtungen könnten sich verlagern. Wandel gehört zum Leben.

Versteh mich bitte nicht falsch, ich will damit nicht sagen, dass es verkehrt ist, einen Plan zu haben. Tatsächlich ist es sehr weise, ein Budget, einen Terminkalender und eine Vorstellung davon zu haben, welche Richtung man in Zukunft einschlagen will. Ich habe schon oft den Spruch gehört: »Plane voraus. Als Noah mit dem Bau der Arche begann, regnete es noch nicht.« Das Planen an sich ist also keine schlechte Sache. Aber ich möchte dich auf Folgendes hinweisen:

Nur wenn du deinen Plan Gott unterordnest, kannst du anfangen, dein Leben zu lieben.

Dein Plan wird nie etwas Besseres hervorbringen, als das Leben erträglich zu machen. Doch nach dem Plan zu leben, den Gott für dich hat, ist der Schlüssel, um jeden Tag deines Lebens lieben zu können. Dein Plan macht dich vielleicht *ein bisschen* glücklich, aber Gottes Plan bringt überströmende Freude. Mit deinem Plan schaffst du es vielleicht, alle Rechnungen zu bezahlen, doch Gottes Plan bringt wahren und bleibenden Erfolg.

> Nur wenn du deinen Plan Gott unterordnest,
> kannst du anfangen, dein Leben zu lieben.

Wenn du bereit bist, nicht mehr nur zu überleben, sondern wirklich anzufangen, dein Leben zu lieben, solltest du als Erstes erkennen:

Gottes Plan ist besser als deiner

Ich glaube, einer der ermutigendsten Aspekte am Christsein ist zu wissen, dass Gott das Ende aller Dinge schon von Anfang an sieht. Nichts, was wir durchmachen, ist für ihn eine Überraschung. Er überlegt nicht händeringend, wie er uns durch jeden Tag bringen kann. Er ist allwissend und allmächtig, und er hat einen Plan für unsere Zukunft.

Immer, wenn du versucht bist, in Sorge oder Unruhe zu verfallen und zu denken: *Wird auch alles klappen? Wie werde ich diese Situation überstehen? Wo ist Gott, wenn ich ihn brauche?* (alles Fragen, die uns die Freude und die Liebe zum Leben rauben), erinnere dich einfach an das, was Gottes Wort zu sagen hat:

Und wir wissen, dass für die, die Gott lieben und nach seinem Willen zu ihm gehören, alles zum Guten führt.

Römer 8,28

Und wir werden von ihm bekommen, was immer wir erbitten, weil wir ihm gehorchen und tun, was ihm Freude macht.

1. Johannes 3,22

Der Herr, der Allmächtige, hat es beschlossen – wer kann es verhindern? Wer kann ihn zurückhalten, wenn er seine Hand erhebt?

Jesaja 14,27

Was für eine Ermutigung! Gott hat nicht nur einen Plan, sondern es gibt auch niemanden, der ihn »zurückhalten« kann. Wenn wir ihm einfach vertrauen und uns seinem Plan unterordnen, kann kein Feind oder Hindernis verhindern, dass Gottes Absichten in Erfüllung gehen.

Vergiss nie: Unabhängig von der Situation oder dem äußeren Anschein hat Gott einen Plan für dein Leben, und er setzt ihn zuverlässig um. Wenn dir klar wird, dass Gott alles im Griff hat, nimmt dir das den Druck. Du musst dir keine Sorgen machen und dich fragen: *Wie werde ich diese Situation nur in Ordnung bringen?* Du kannst einfach in dem Wissen zur Ruhe kommen, dass Gott alles durchgeplant hat. Wir sollten das tun, was Gott von uns möchte, und dann darauf vertrauen, dass er tut, was wir nicht tun können. Wir dürfen uns auf das große Abenteuer einlassen, uns vom Heiligen Geist leiten zu lassen, und darauf vertrauen, dass er uns tagtäglich in den perfekten Plan führt, den unser himmlischer Vater für uns hat.

Wenn dir klar wird, dass Gott alles
im Griff hat, nimmt dir das den
Druck.

Ein Freund von mir erzählte mir neulich von einem Tag, an dem er seine beiden Kinder überraschte. Die Kinder wussten, dass sie den Nachmittag mit ihm verbringen würden, und fragten, ob sie in den Park gehen und vielleicht hinterher noch ein Eis essen könnten – das war ihr Plan. Sie hatten ja keine Ahnung, dass mein Bekannter ebenfalls Pläne gemacht hatte.

Er ging mit ihnen in den Park und Eis essen – doch das war erst der Anfang. Er sagte: »Joyce, wir machen das nicht oft, aber meine Frau und ich wollten sie einfach einen Tag lang verwöhnen.« Nach dem Eisessen gingen sie also ins Kino, dann zum Abendessen in das Lieblingsrestaurant der Kinder, und zum krönenden Abschluss des Tages noch zum Bowling. (Mensch, da wäre ich gern mitgekommen!)

Was ich damit sagen will: Die Kinder hatten einen Plan, aber ihre Eltern auch, und der Plan der Eltern war viel besser als alles, was die Kinder sich hätten vorstellen können. Mein Bekannter und seine Frau hatten den Tag schon längst geplant. Sie hatten alles im Griff. Sie wussten, wie viel es kosten würde, wie sie zu ihrem jeweiligen Ziel gelangen würden, welcher Film den Kindern gefallen würde und wie sie das alles umsetzen würden. Sie wussten, dass die Kinder es lieben würden!

So geht Gott mit dir um. Er hat dein Leben schon längst geplant. Nichts ist dem Zufall überlassen, und du bist nicht auf dich allein gestellt. Gott arbeitet sorgfältig an seinem Plan. Er weiß, wohin er dich bringen will und wann genau der richtige Zeitpunkt dafür gekommen ist. Er weiß, was du brauchst, um Erfolg zu haben. Und er weiß genau, dass du es lieben wirst!

Das Entscheidende ist, dass wir lernen, mit Gottes Plan zu kooperieren. Anstatt hartnäckig an unseren eigenen Plänen festzuhalten, wäre es weise, seinen Plan zu entdecken und dann Gott zu gehorchen, während er uns führt. Genau dazu fordert uns auch Epheser 2,10 auf. Dort schreibt der Apostel Paulus: *[Gott] hat uns in Christus Jesus neu geschaffen, damit wir die guten Taten ausführen, die er für unser Leben vorbereitet hat.* Diese Tatsache führt mich zu etwas sehr Ermutigendem, das wir nicht vergessen sollten …

Mehr, als du dir vorstellen kannst

Wenn Menschen hören, dass Gott einen Plan für ihr Leben hat, werden sie oft zögerlich. Sie nehmen an, dass er etwas Schwieriges, Aufopferndes von ihnen verlangen wird, das ihnen nicht gefällt. Der Grund, warum viele Menschen sich nicht entscheiden, an Gott zu glauben, ist, dass sie ihn als knallharten »Boss« betrachten. Sie denken, dass sie keinen Spaß haben werden und dass das Leben öde und langweilig sein wird. Doch nichts könnte der Wahrheit ferner liegen. Das Leben mit Gott ist ein großes Abenteuer!

Der Plan, den Gott für dich hat, ist nicht eine Art geistliches Arbeitslager. Gott zieht uns nicht über den Tisch. Er wird dich nicht zwingen, irgendwohin zu gehen oder etwas zu tun, es sei denn er hat diesen Wunsch zuerst in dein Herz gelegt. Gott möchte dich an einen Ort bringen – sei es in eine Familie, ein Zuhause, einen Beruf oder eine Berufung –, den du lieben und genießen kannst. Sicher wird es von Zeit zu Zeit Herausforderungen geben, doch du wirst wissen, dass du das Leben deiner Träume führst.

In erster Linie hat Gott einen Weg für deine geistliche Erfüllung vorbereitet. Sein Plan ist es, dass du von Sünde und Schuld erlöst wirst, in die richtige Beziehung zu ihm kommst und Frieden in deiner Seele hast. Das ist das Fundament deines Lebens. Doch Gottes Plan geht über dein inneres Leben hinaus. Die Wahrheit ist: Gott möchte, dass du dein Leben jeden Tag genießt. Darum hat Jesus in Johannes 10,10 gesagt: *»Ich aber bin gekommen, um ihnen das Leben in ganzer Fülle zu schenken.«*

Diese Worte von Jesus sind so ermutigend und wichtig. Es ist ein biblisches Prinzip, dass du lernst, dein Leben zu lieben! Nichts könnte der Bibel mehr entsprechen, als dass du weißt, dass Gottes Plan für dein Leben weitaus größer ist als dein Plan.

Epheser 3,20 drückt es folgendermaßen aus:

Durch die mächtige Kraft, die in uns wirkt, kann Gott unendlich viel mehr tun, als wir je bitten oder auch nur hoffen würden.

Und in 1. Korinther 2,9 steht:

Aber es ist passiert, wie es in der Schrift heißt: »Kein Auge hat je gesehen, kein Ohr je gehört und kein Verstand je erdacht, was Gott für diejenigen bereithält, die ihn lieben.«

Das sind Verheißungen, um die herum du dein ganzes Leben aufbauen kannst. Wenn du deine Pläne Gott unterordnest, kann er Dinge tun, die unendlich weit über deine größten Gebete, Hoffnungen oder Träume hinausgehen. So, wie wir unsere Kinder gern überraschen, überrascht Gott uns liebend gern mit Dingen, die weit über unsere kühnsten Erwartungen hinausgehen. Das zu glauben ist einer der Hauptbestandteile für ein Leben, das du lieben kannst. Ich möchte dich ermutigen zu erwarten, dass Gottes Güte dich in Erstaunen versetzt!

> Es ist ein biblisches Prinzip, dass
> du lernst, dein Leben zu lieben!

Ich denke da an Davids Leben. Als wir in 1. Samuel 16 das erste Mal von David lesen, ist er bloß ein Hirtenjunge. Er ist draußen auf dem Feld und hütet die Schafe seines Vaters. Ich frage mich, was wohl die Pläne für sein Leben waren. Vielleicht hoffte er, eines Tages die Schäferei der Familie zu übernehmen, oder er überlegte, irgendwann zur Armee zu gehen, so wie seine älteren Brüder. Aufgrund der familiären Grenzen, die ihm gesetzt waren (er war der jüngste von sieben Brüdern), und seiner misslichen Lage (er war ein einfacher Hirte) hatte David vielleicht sehr bescheidene Pläne.

Doch Gott hatte Pläne, die größer waren als alles, was David sich hätte vorstellen können.

Wahrscheinlich kennst du die Geschichte gut. Auf Gottes Drängen hin tauchte der Prophet Samuel auf und salbte David zum nächsten König über Israel. Später würde David Goliat besiegen, die Armee anführen, vor König Saul musizieren, der beste Freund von Prinz Jonathan und schließlich selbst König werden. Was für ein Leben! Sicher hätte David selbst als Erster gesagt: *Gottes Pläne waren viel besser als alles, was ich mir hätte vorstellen können!*

Ich möchte dich ermutigen
zu erwarten, dass Gottes Güte
dich in Erstaunen versetzt!

David ist nicht das einzige Beispiel. Josef kam von einem Gefängnis in einen Palast (siehe 1. Mose 37–41). Gideon versteckte sich in einer Weinpresse, doch Gott gebrauchte ihn, um eine Nation anzuführen (siehe Richter 6–8). Ester war eine Gefangene, aus der eine Königin wurde (siehe Ester 2). Und Petrus war ein Fischer, den Gott zu einer tragenden Säule der Urgemeinde machte. Diese Frauen und Männer erlebten, wie ihr Leben von den Plänen abwich, die sie gemacht hatten. Gott hatte viel bessere Pläne für sie.

Wenn du diese Worte liest, möchte ich dir sagen, dass das gleiche Prinzip auch für dich gilt. Die Pläne, die du für dein Leben gemacht hast, mögen sehr gut sein, doch Gottes Pläne sind besser. Vielleicht nimmt er deine Pläne und fügt noch etwas hinzu, oder vielleicht hat er einen völlig anderen Plan für dich, aber du kannst sicher sein, dass er dein Bestes im Sinn hat. Sein Plan wird nie belastend sein. Es wird sich immer um etwas handeln, das genau den Wünschen entspricht, die er in dein Herz gelegt hat. Und es wird garantiert etwas weitaus Größeres sein als das, was du dir selbst hättest ausdenken können.

Was ist, wenn nichts passiert?

Ein von Frieden erfülltes Leben ist ein Leben, das du wirklich lieben kannst. Wenn du Frieden hast, obwohl die Wirtschaft einbricht, obwohl der Druck am Arbeitsplatz steigt, obwohl deine Kinder oder Enkelkinder dich in den Wahnsinn treiben ... dann ist dein Leben eine Freude statt einer lästigen Aufgabe.

Ich glaube, der Schlüssel zu einem friedvollen Leben ist, auf Gottes Plan zu vertrauen, noch bevor du die Ergebnisse siehst.

Gottes Plan setzt sich nicht über Nacht in deinem Leben um – es ist ein Prozess. Zur rechten Zeit baut Gott deinen Glauben auf, heilt deine Seele, erfrischt deinen Geist. Du wirst nicht immer sehen (oder verstehen), was genau Gott tut, doch du kannst dir sicher sein, dass er an der Arbeit ist. Darum sagt Paulus in Philipper 1,6: *Ich bin ganz sicher, dass Gott, der sein gutes Werk in euch angefangen hat, damit weitermachen und es vollenden wird bis zu dem Tag, an dem Christus Jesus wiederkommt.* Nur weil du noch nicht sehen kannst, was Gott tut, heißt das nicht, dass er nicht etwas Großes tut.

> Ich glaube, der Schlüssel zu einem friedvollen Leben ist, auf Gottes Plan zu vertrauen, noch bevor du die Ergebnisse siehst.

John Flavel sagte einmal: »Die Vorsehung Gottes ist wie hebräische Wörter – man kann sie nur rückwärts lesen.«[1] Mir gefällt dieses Zitat sehr. Es gibt Dinge in unserem Leben, die wir nur im Rückblick verstehen. Mitten in einer Prüfung ist es oft zu hektisch, als dass wir Gottes Plan begreifen könnten. Doch hinterher können wir zurückschauen und nachvollziehen, was Gott dadurch alles in uns und für uns getan hat.

Deshalb möchte ich dir eine Frage stellen: Welche Situation in deinem Leben ruft heute Sorge, Unruhe oder Angst in dir hervor? Gibt es Hindernisse oder Schwierigkeiten, die dir die Freude stehlen oder dich jeden Tag fürchten lassen statt dein Leben zu lieben?

Was immer dir gerade eingefallen ist: Ich möchte dich ermutigen, diese Sorge Jesus vor die Füße zu werfen. Statt dich auf das Problem zu konzentrieren, kannst du Frieden haben. Du darfst wissen, dass Jesus die Lösung hat. Du kannst sie vielleicht noch nicht sehen, doch Gott setzt sich für dich ein und ist an der Arbeit. Wenn du ihm vertraust, wird der Zeitpunkt kommen, an dem du auf diese Situation zurückblickst und alles erkennst, was Gott getan hat, um dich hindurchzubringen.

Du wirst dein Leben lieben, wenn du erkennst, dass es nicht dir gehört (siehe 1. Korinther 6,19-20). Gott hat alles im Griff; er hat einen großartigen Plan. Das ist etwas, worüber du dich freuen kannst!

Nicht vergessen ...

- Erst wenn du deinen Plan Gott unterordnest, kannst du anfangen, dein Leben zu lieben.
- Gott hat nicht nur einen Plan für dein Leben, sondern es gibt auch niemanden, der diesen Plan durchkreuzen kann.
- Wenn du deine Pläne Gott unterordnest, kann er »unendlich viel mehr tun, als wir je bitten oder auch nur hoffen würden« (Epheser 3,20).
- Wenn du dich entscheidest, Gottes Plan zu vertrauen statt dich auf deinen eigenen zu verlassen, ist Frieden das natürliche Ergebnis.

Wirklich zu leben ist das Seltenste auf der Welt.
Die meisten Menschen existieren, weiter nichts.
– Oscar Wilde

KAPITEL 2

Dieser Augenblick ist der wichtigste, den du hast

Das »Für immer« besteht aus vielen »jetzt«.
— Emily Dickinson

Stell dir einmal zusammen mit mir vor, deine Bank hätte neue Richtlinien für dein Girokonto herausgegeben. *Halt dich fest, die Änderungen werden dir gefallen!* Die neuen Richtlinien lauten in etwa so:

1. Jeden Tag werden deinem Konto 86.400 Euro gutgeschrieben. Sie gehören ganz dir. Du kannst sie so ausgeben, wie du es für richtig hältst.
2. Allerdings wird in jeder Nacht alles Geld abgebucht, das du an dem Tag nicht verbraucht hast. Du kannst *nichts* mit in den nächsten Tag nehmen.

Klingt ziemlich gut, oder?

Was würdest du tun? Ich weiß, was ich tun würde. Ich würde dieses Geld jeden Tag so weise wie möglich ausgeben. Ich würde es investieren, mit anderen teilen und für Dinge ausgeben, die wirklich wichtig sind. (Und wahrscheinlich würde ich auch ordentlich shoppen gehen!) Bei einer solchen Gelegenheit würde ich das Meiste aus jedem Dollar herausholen und diese Gelegenheit täglich maximal ausschöpfen.

Ich habe dir diese Denkaufgabe gestellt, weil du – ob du es glaubst oder nicht – eine ähnliche Option hast, nur nicht im Hinblick auf Geld, sondern auf Zeit.

Jeden Tag bekommst du 86.400 neue Sekunden geschenkt, die du verwenden kannst, wie du willst. Ist das nicht ein

29

wunderbarer Gedanke? Doch es gibt einen Haken: Nichts von dieser Zeit kann auf den nächsten Tag übertragen werden. Du musst sie in der Gegenwart ausleben. Gestern ist vorbei; morgen ist nicht garantiert; du hast 86.400 Sekunden, die du heute »ausgeben« kannst.

Jeden Tag bekommst du 86.400
neue Sekunden geschenkt, die du
verwenden kannst, wie du willst.

Ich möchte dir nahelegen aufzuhören, deine Zeit mit einer negativen Einstellung zu verschwenden. Zum Beispiel kannst du Gott um Hilfe bitten, das Wort »hassen« aus deinem Wortschatz zu streichen. Fang einmal an, darauf zu achten, wie oft Menschen dieses Wort benutzen, und du wirst verstehen, warum manche Tage so unangenehm sind. Wir hören und sagen Dinge wie: »Ich hasse es, jeden Tag auf dem Weg zur Arbeit durch den Berufsverkehr zu fahren«, »Ich hasse das Wetter in meiner Stadt« (das habe ich leider in letzter Zeit oft gesagt); »Ich hasse es, die Wäsche zu waschen, zu putzen, den Rasen zu mähen oder beim Arzt zu warten« und tausend andere Dinge. Es ist schädlich zu denken oder zu sagen, dass wir bestimmte Menschen hassen – oder uns selbst. Doch wir können lernen, unser Leben zu lieben, indem wir unsere Sprache täglich mit mehr »Liebesvokabeln« füllen und uns die Hassvokabeln abgewöhnen.

Jeder Tag ist eine neue Chance. Du solltest es vermeiden, dich auf das zu konzentrieren, was dir nicht gefällt und wovor es dir vielleicht sogar graut. Es ist möglich, etwas zu tun, das vielleicht nicht deine Lieblingsbeschäftigung ist, und es trotzdem nicht zu hassen. Du musst nicht im Bedauern über die Vergangenheit oder im Grauen vor der Zukunft leben – du kannst die 86.400 Sekunden, die Gott dir heute geschenkt hat, voll ausschöpfen. Das ist mehr als nur eine gute Idee; es ist ein biblisches Prinzip. In Epheser 5,16 heißt es: *Nutzt jede Gelegen-*

heit, in diesen üblen Zeiten Gutes zu tun. Anders ausgedrückt: Schöpfe deine Zeit auf der Erde voll aus und erkenne und nutze jede Gelegenheit weise und gewissenhaft. Psalm 118,24 fordert uns auf: *Dies ist der Tag, den der Herr gemacht hat. Lasst uns jubeln und fröhlich sein.*

Lasst uns jubeln und fröhlich sein. Hmm. Ist das eine passende Beschreibung dafür, wie du und ich durch den Tag gehen? Oder wäre es angemessener zu sagen: *Lasst uns uns aufregen und wütend sein?*, oder: *Lasst uns schmollen und traurig sein?* Allzu oft ist das der Fall. Anstatt uns an dem neuen Tag zu freuen, den Gott uns gegeben hat, lassen wir wertvolle Zeit verstreichen, während wir meckern, uns beklagen, uns Sorgen machen oder der Angst nachgeben.

Wenn du dein Leben lieben willst, ist es an der Zeit, eine Veränderung vorzunehmen. Du hast auf dieser Seite der Ewigkeit nur ein Leben; es wäre eine Tragödie, es zu vergeuden. Heute könnte der Tag sein, an dem du anfängst, das Beste aus deiner Zeit zu machen und jeden Moment voll auszuschöpfen.

Drei Möglichkeiten, jeden Moment voll ausschöpfen

Wenn ich sage, wir können unser Leben lieben und genießen, dann ist mir klar, dass nicht jeder Tag wie Sommerferien oder eine Party ist. Wir müssen immer noch einem Beruf nachgehen, Kinder erziehen, Termine einhalten und Aufgaben erledigen.

Doch die Verpflichtungen des Alltags müssen uns nicht unsere Freude stehlen. Wir können lernen, den Augenblick zu genießen, auch wenn wir in diesem Augenblick einkaufen gehen oder das Haus putzen müssen. Es geht um die bewusste Entscheidung, Gottes Segnungen und das Gute an jedem Tag zu sehen. Das Leben zu lieben ist nichts, was rein zufällig geschieht. Es ist eine Folge gesunder, biblischer Entscheidungen, die wir täglich treffen. Ich möchte dich auf drei Entscheidungen hinweisen, die du ab heute treffen kannst und die dir helfen werden, die Augenblicke, die Gott dir schenkt, voll auszuschöpfen.

1. Im Hier und Jetzt gehorchen

Vielleicht fällt uns »Gehorsam« nicht als Erstes ein, wenn wir davon sprechen, unser *Leben zu lieben* und *den Augenblick voll auszuschöpfen*. Aber Gott gehorsam zu sein ist einer der besten Wege zu einem Leben, das von Freude und Erfolg geprägt ist. Darum sagt die Bibel uns auch: »*[Gott] zu gehorchen ist sehr viel besser als ein Opfer darzubringen*« (1. Samuel 15,22).

Besser für wen? Besser für dich!

Das Leben zu lieben ist nichts,
was rein zufällig geschieht. Es ist
eine Folge gesunder, biblischer
Entscheidungen, die wir täglich treffen.

Wenn du lernst, Gottes Wort und der Leitung seines Heiligen Geistes in dem Augenblick zu gehorchen, in dem er dir eine Anweisung gibt, wirst du staunen, um wie viel erfreulicher dein Leben wird. Du wirst mehr Frieden und Erfüllung erleben, weil du weißt, dass du mit Gottes Willen im Einklang bist. Nichts ist unangenehmer als ein schlechtes Gewissen zu haben, weil man Gott bewusst ungehorsam war.

Eine Sache, die uns hilft, unser Leben wirklich zu lieben, ist, Gott durch uns wirken zu lassen, um anderen Menschen zu helfen. Wir müssen nichts weiter tun als bereit zu sein, Gott zu gehorchen, indem wir den behutsamen Hinweisen des Heiligen Geistes folgen. Das führt zu einer Begeisterung in unserem Leben, die wahrlich inspirierend ist. Anhand eines Beispiels möchte ich veranschaulichen, wie sich augenblicklicher Gehorsam Gott gegenüber auf uns selbst auswirken kann:

Vor einiger Zeit kaufte ich mir einen Kaffee in einem örtlichen Coffeeshop. Die Verkäuferin und ich unterhielten uns, während ich für meinen Kaffee bezahlte, und irgendwie kam das Gespräch auf die Kaffeemaschine, die ebenfalls in dem Shop zum Verkauf stand. Es war eine sehr schöne Kaffeemaschine, und die junge Frau sagte: »Ich spare mein Geld, weil ich mir eines Tages *unbedingt* diese Kaffeemaschine kaufen will.«

Als sie das sagte, spürte ich, wie Gott mich aufforderte, ihr die Kaffeemaschine zu kaufen. Es war keine hörbare Stimme aus dem Himmel oder so etwas; ich wusste einfach innerlich, dass Gott mir sagte, ich solle dieser jungen Frau etwas Gutes tun. Und genau das tat ich. Ich kaufte die Kaffeemaschine als Geschenk für sie und sagte: »Ich möchte Ihnen eine Freude damit machen.«

Sie war überglücklich, das kann ich dir sagen. Sie dankte mir überschwänglich und sagte, niemand hätte je so etwas für sie getan. Doch so glücklich sie auch war, ich glaube, ich war noch glücklicher. Es war ein besonderer Augenblick, der mir den Tag ungemein versüßte.

Gott wusste genau, was diese Verkäuferin brauchte. Und er wusste genau, was ich an dem Tag brauchte. Wir beide gingen mit Freude im Herzen auseinander und hatten eine wunderbare Erfahrung gemacht, für die wir Gott danken konnten.

Später am gleichen Tag traf ich die junge Dame auf der Toilette im Einkaufszentrum wieder, und sie fragte mich: »Warum waren Sie so nett zu mir?« Ich erklärte ihr, dass Gott sie liebt und sie segnen möchte.

Da erzählte sie mir, dass ihre Mutter an Krebs gestorben und sie seitdem wütend auf Gott war. Sie hatte das Gefühl, dass – selbst wenn er existierte –, er sie nicht liebte. Ich hatte die Gelegenheit, ihr die Wahrheit über Gottes Liebe zu sagen. Als ich hinterher über den Vorfall nachdachte, erkannte ich, dass Gott die Kaffeemaschine nur benutzt hatte, um das Herz der jungen Frau zu öffnen und ihr zu zeigen, dass sie ihm in Wahrheit sehr am Herzen lag. Da verdoppelte sich meine Freude, weil Gott mir erlaubt hatte, an einem so wunderbaren, von ihm selbst arrangierten Ereignis beteiligt zu sein.

Die Sache ist die: Dieser Moment wäre mir entgangen, wenn ich Gott nicht gehorsam gewesen wäre. Wenn ich gedacht hätte: *Das kann ich nicht machen. Die Kaffeemaschine ist zu teuer.*, oder: *Das ist zu peinlich. Ich kenne die junge Frau doch gar nicht, und sie wird mich für verrückt halten*, wäre jener Tag viel weniger gewesen als das, was Gott für ihn vorgesehen hatte. Er wusste, welcher Segen es für uns beide sein würde, also gab er mir eine Gelegenheit, zusammen mit ihm auf eine einsame, verletzte junge Frau zuzugehen.

Als Christen sind du und ich dazu berufen, Gott in den großen und kleinen Dingen gehorsam zu sein. Manchmal machen wir es uns mit dem Gehorsam nicht gerade leicht, weil wir uns zu sehr darauf konzentrieren, wie schwierig es sein wird. Wir sollten jedoch viel mehr darüber nachdenken, wie glücklich wir sein werden, sobald wir das getan haben, was Gott von uns will. Wenn du dich entscheidest, Gott bedingungslos zu gehorchen, wird immer etwas Gutes geschehen.

2. Im Hier und Jetzt lieben

Viele Menschen lassen sich den Tag davon ruinieren, wie jemand sie behandelt hat. Eine Beleidigung, ein Gerücht, ein unfreundliches Wort von einem Freund oder Arbeitskollegen raubt ihnen die Freude und lässt sie in eine Abwärtsspirale geraten. So ging es mir jahrelang. Wenn jemand etwas Unfreundliches zu mir sagte oder mich schlecht behandelte, suhlte ich mich stundenlang im Elend. *Wie konnte er/sie nur? Warum hat er/sie das gesagt? Das Leben ist unfair!*

Mit Gottes Hilfe habe ich im Laufe der Jahre gelernt, dass ich für meine Einstellung und mein Glück selbst verantwortlich bin. Ich habe keinen Einfluss auf das, was andere Menschen tun, doch mit Gottes Hilfe kann ich entscheiden, wie ich darauf reagiere. Gott hat mich oft daran erinnert, dass das, was jemand mir Ungerechtes oder Unfreundliches antut, nicht annähernd so wichtig ist wie meine Reaktion auf das Verhalten des anderen.

An dieser Stelle kommt das »im Hier und Jetzt Lieben« ins Spiel. Wenn wir zu Menschen werden, die anderen Menschen täglich liebevoll begegnen, wird unser Leben enorm bereichert. Jesus sagte in Johannes 15,12: »*Ich gebiete euch, einander … zu lieben*«, und in Vers 11 heißt es, wir sollen dies tun, damit unsere Freude »vollkommen« ist. Hast du das mitbekommen? Andere zu lieben erfüllt tatsächlich dein eigenes Leben mit Freude! Liebe ist nicht nur ein Gefühl, das wir haben, sondern eine Entscheidung im Hinblick darauf, wie wir alle Menschen in unserem Leben behandeln werden – diejenigen, die wir mögen, und diejenigen, die wir nicht mögen.

> Liebe ist eine Entscheidung im
> Hinblick darauf, wie wir alle Menschen
> in unserem Leben behandeln werden.

Vor Kurzem haben mein Mann Dave und ich unseren 50. Hochzeitstag gefeiert. Ich habe im Laufe der Jahre viel über Liebe und Ehe gelernt, aber eine der wichtigsten Lektionen, die ich gelernt habe, ist, nicht einen einzigen Tag zu vergeuden – sondern im Hier und Jetzt zu lieben.

Wenn Dave nach Hause kommt und mir alles über sein Golfspiel an dem Tag erzählt, interessiert mich das, ehrlich gesagt, nicht immer. Ich bin keine Golferin; Golf macht mir einfach keinen Spaß. Aber Dave liebt es! Wenn er mir also von einem unmöglichen Putt erzählt, den er eingelocht hat, oder einem Drive, der weiter ging als erwartet, muss ich eine Entscheidung treffen. Ich kann egoistisch sein und denken: *Dave, ich habe wirklich kein Interesse daran, noch mehr über Golf zu hören*, und dann werden sich diese Gedanken in meiner Einstellung zeigen. Oder ich kann die Gelegenheit wahrnehmen und ihm genau in diesem Moment liebevoll begegnen. Wenn es ihm wichtig ist, sollte ich geduldig zuhören, selbst wenn ich es lieber nicht tun würde.

Heute hat Dave mir vorgeschlagen, dass ich mit auf den Golfplatz komme und zuschaue, wie er auf der Driving Range Bälle schlägt. Er dachte, so könnte ich ein wenig Zeit draußen in der Sonne genießen. Ich bin eher eine Macherin als eine Zuschauerin, und ich war nicht überzeugt davon, dass ich das allzu sehr genießen würde. Allerdings war dies das zweite oder dritte Mal, dass er diesen Vorschlag in den letzten Jahren gemacht hat, und so begriff ich endlich, dass ich nur zuschauen und stolz auf ihn sein sollte, wie gut er den Golfball trifft. Es war eine Möglichkeit, ihn im Hier und Jetzt zu lieben – so wie er mich Tausende Male geliebt hat, wenn er in Veranstaltungen saß, in denen ich Vorträge hielt.

Wenn wir Dinge für andere tun, die wir lieber nicht tun würden, verspüren wir in dem Moment vielleicht keine Freude. Zu den Hauptzutaten eines Lebens, das wir lieben können, gehört es allerdings, dass wir diese Momente nehmen, um jemandem liebevoll zu begegnen. Das Richtige zu tun bringt am Ende immer den Lohn der Freude. Nachdem ich mitgegangen war und zugeschaut hatte, wie Dave Golfbälle schlug, war ich froh, dass ich es getan hatte.

Wenn Liebe das zentrale Thema
unseres Lebens ist, werden wir
das Leben, das wir führen, lieben!

Das ist nur ein kleines Beispiel dafür, im Hier und Jetzt zu lieben. Gott schenkt uns jeden Tag so viele Gelegenheiten, Liebe zu geben – nicht nur unserem Ehepartner, sondern auch Freunden, Verwandten, Kollegen und sogar völlig Fremden. Lass dir diese Chancen (diese Augenblicke), anderen Liebe zu erweisen, nicht entgehen. Dein Leben wird viel besser, wenn du nach

Möglichkeiten Ausschau hältst, anderen gegenüber Liebe zum Ausdruck zu bringen. Vergiss nicht: Wenn Liebe das zentrale Thema unseres Lebens ist, werden wir das Leben, das wir führen, lieben!

3. Im Hier und Jetzt genießen

Bei vielen Menschen trifft man auf die Mentalität, dass sie erst irgendwann in der Zukunft so richtig glücklich sein werden. Wenn die Kinder erwachsen sind, wenn sie eine Beförderung erhalten, wenn ihre finanzielle Lage sich bessert … wenn, wenn, wenn.

Das kann ich durchaus nachvollziehen. Es gab Phasen, selbst als ich bereits im vollzeitlichen Dienst für Gott tätig war, in denen ich immer auf eine Zeit in der Zukunft wartete, in der alles besser sein würde. Ich konnte die täglichen Segnungen, die ich erlebte, gar nicht genießen, weil ich zu sehr damit beschäftigt war, in die Zukunft zu blicken. Ich musste lernen (und muss mich immer noch daran erinnern), den Augenblick voll auszuschöpfen und das zu genießen, was Gott *im Hier und Jetzt* in mir und durch mich tut – und nicht erst, wenn die Konferenz vorbei ist, wenn die Organisation größer ist oder wenn ich Urlaub machen kann.

Ich möchte, dass du eines wirklich verstehst: Gott möchte, dass du dein Leben *jetzt* genießt, nicht irgendwann in der Zukunft.

Henry Ward Beecher sagte einmal: »Die Sonne scheint nicht für ein paar Bäume und Blumen, sondern zur Freude der ganzen Welt.«[2] Ich liebe dieses Zitat. Mit jedem neuen Sonnenaufgang will Gott, dass wir alle in vollkommener und totaler Freude leben. Vielleicht solltest du einen Moment innehalten und dich fragen, ob du glaubst, dass Gott will, dass du glücklich bist und dein Leben genießt. Natürlich will er das! Ja, viele Dinge sind

Gott von Herzen wichtig, Dinge wie unser Gehorsam und geistliches Wachstum, doch er möchte auch, dass wir unser Leben genießen!

Es erstaunt mich immer wieder, dass Gott – selbst während er das Universum regiert – an uns denkt. Der Psalmist David schrieb, wenn wir versuchen würden, Gottes Gedanken an uns zu zählen, wären es mehr als alle Sandkörner, die existieren (siehe Psalm 139,17-18). Lass das einmal auf dich wirken: *Gott denkt ständig an dich!*

Jesus sagte sogar, dass wir von seiner Freude vollkommen erfüllt sein sollen (siehe Johannes 17,13). Diese und viele andere ähnliche Bibelstellen haben mir ein für alle Mal gezeigt: *Gott möchte, dass wir ein Leben führen, das wir lieben und genießen!*

Jeder kann abgelenkt werden und nur noch auf die Probleme oder Lasten des Tages schauen. Wir alle haben es regelmäßig mit Unannehmlichkeiten und Ärgernissen zu tun. Doch nur diejenigen, die wirklich glauben, dass Gott möchte, dass sie ihr Leben genießen und lieben, werden die Probleme des Lebens hinter sich lassen, um jeden neuen Tag in vollen Zügen zu genießen. Aus irgendeinem Grund denken wir, dass es einfach nicht richtig wäre, uns keine Sorgen zu machen, solange wir Probleme haben, und stattdessen das Leben zu genießen. Doch genau das will Gott von uns, und genau das will der Teufel verhindern.

Eines der größten Geschenke Gottes ist, dass er uns durch seine Gnade befähigt, das Leben selbst inmitten von Problemen und Schwierigkeiten zu genießen. Der Apostel Paulus sagt uns, dass wir inmitten all unseres Leidens durch Christus, der uns liebt, einen überwältigenden Sieg davontragen (siehe Römer 8,37).

Vergiss nicht: Freude beruht nicht darauf, dass alles immer so läuft, wie wir es wollen, oder dass wir den ganzen Tag über lachen. Freude ist etwas Tieferes. Es kann sich dabei um ausgelassene Heiterkeit oder um stille Freude handeln – und alles dazwischen! Ich bin von Natur aus ein eher ernster Mensch, also ist die »stille Freude« normalerweise mein »Freudenzustand«. Doch manchmal braucht man es einfach, so richtig ausgelassen zu lachen. Gestern Abend waren wir mit unserer Tochter, unserem Schwiegersohn und zwei unserer Enkelkinder zusammen, und etwas brachte uns so sehr zum Lachen, dass wir uns vor Lachen bogen. Es war bloß eine alberne Sache, aber als wir erst einmal anfingen, konnten wir nicht mehr aufhören. Als es irgendwann vorbei war, fühlte ich mich voller Energie und als ob eine frische, angenehme Brise durch meine Seele geweht wäre.

> Freude kann ausgelassene
> Heiterkeit sein oder stille
> Freude – und alles dazwischen!

Philipper 4,4 sagt: *Freut euch im Herrn. Ich betone es noch einmal: Freut euch!* Beachte, dass Gottes Wort es nicht nur einmal sagt – wir werden zweimal aufgefordert, uns zu freuen. Es ist Gott wichtig (doppelt wichtig), dass wir uns jeden Tag freuen, weil er weiß, wie stark es unser Leben beeinflussen wird. Die Freude am Herrn ist unsere Stärke (siehe Nehemia 8,10).

Triff also jetzt die Entscheidung, den Augenblick zu genießen. Wenn du dazu neigst, zu ernst zu sein, dann lach mal wieder! Vergiss nicht: Gott liebt dich immer – und darüber kannst du dich freuen.

»Augenblicke, einen nach dem anderen …«

Vor Kurzem las ich, dass jemand einer Frau namens Nadine Stair aus Louisville (Kentucky) eine sehr emotionale Frage stellte. Frau Stair, die 85 Jahre alt war, wurde gefragt: »Was würden Sie anders machen, wenn Sie Ihr Leben noch einmal leben könnten?«

Sie antwortete:

Ich würde beim nächsten Mal mehr Fehler machen. Ich würde mich entspannen, locker lassen. Ich wäre alberner als bei dieser Runde. ... Ich würde auf mehr Berge steigen und in mehr Flüssen schwimmen. Ich würde mehr Eis und weniger Bohnen essen. ... Ich hatte besondere Augenblicke, und wenn ich alles noch einmal machen müsste, hätte ich mehr davon. Genau genommen würde ich versuchen, nichts anderes zu haben. Nur Augenblicke, einen nach dem anderen, statt so viele Jahre immer schon dem Tag voraus zu leben. ... Ich würde im Frühling schon früher und im Herbst noch später barfuß laufen. Ich würde mehr tanzen gehen. Ich würde mehr Karussell fahren und mehr Gänseblümchen pflücken.[3]

Mir gefällt die Einstellung dieser alten Dame, denn im Grunde spricht sie davon, jeden Augenblick voll auszukosten. Im Rückblick auf ihr Leben wünschte sie sich nicht, mehr gearbeitet oder sich mehr Sorgen gemacht, sondern jeden Tag genossen zu haben. Die Scherze, das Wetter, Eiskrem, Frühling und Herbst, Tänze, Karussells und Gänseblümchen – dies waren die Augenblicke, die sie noch einmal erleben wollte.

Ich möchte dich auch fragen: »Wenn du dein Leben noch einmal leben könntest, was würdest du anders machen?« Ich bezweifle, dass du mehr Zeit auf Angst oder Sorge, Scheu oder Bedauern verwenden würdest. Wenn es dir so ähnlich geht wie mir, würdest du wahrscheinlich mehr lachen, mehr lieben und jeden Tag von Herzen genießen wollen. Die gute Nachricht ist: Damit kannst du heute anfangen. Die verpassten Gelegenheiten der Vergangenheit sind nichts im Vergleich zu den neuen Gelegenheiten der Gegenwart. Mit Gottes Hilfe kannst du anfangen, jeden Augenblick, den er dir schenkt, voll auszuschöpfen – und du musst nicht einen Moment länger warten, um damit zu beginnen.

Vergiss nicht: Du bekommst heute 86.400 Sekunden. Wofür wirst du sie verwenden?

Nicht vergessen ...

- Gestern ist vorbei, morgen ist nicht garantiert; du kannst nur in der Gegenwart leben.
- Gott gehorsam zu sein ist einer der besten Wege zu einem Leben, das von Freude und Erfolg geprägt ist.
- Wenn du täglich nach Gelegenheiten Ausschau hältst, anderen mit Liebe zu begegnen, wird dein Leben dadurch enorm bereichert.
- Warte nicht darauf, dein Leben erst irgendwann in der Zukunft zu genießen. Schöpfe jeden Augenblick, den du heute hast, voll aus und liebe das Leben, das Jesus dir geschenkt hat.

*Liebst du das Leben? Dann verschwende
nicht die Zeit, denn das ist der Stoff,
aus dem das Leben gemacht ist.*
– Benjamin Franklin

KAPITEL 3

Weigere dich, dein Schicksal von Angst bestimmen zu lassen

Du kannst nicht auf neue Horizonte zuschwimmen, bis du den Mut hast, das Ufer aus den Augen zu verlieren.

– William Faulkner

Der Morgen des 2. Juni 2011 schien ziemlich normal, wie jeder andere Tag für Laurie Ann Eldridge. Als sie an jenem verschlafenen Morgen aufwachte, hatte die 39-jährige alleinerziehende Mutter zweier Teenagersöhne keine Ahnung, dass sie noch vor Ende des Tages mit einer Entscheidung über Leben und Tod konfrontiert sein würde, doch genau das geschah.

Stunden später, als die Abendsonne am sommerlichen Horizont zu sinken begann, arbeitete Laurie draußen in ihrem Garten, als sie etwas Schreckliches bemerkte. Eine verwirrte ältere Autofahrerin steckte auf einem nahegelegenen Bahnübergang in ihrem Wagen fest. Und Laurie konnte das Pfeifen des herannahenden Güterzuges hören. Es war wie eine Szene aus einem Actionthriller, aber Laurie war keine Schauspielerin und dies war kein Film.

Sie hatte kaum Zeit zu überlegen und handelte einfach.

Bevor ich weitererzähle, muss ich dir noch etwas über diese mutige Hausfrau sagen: Laurie hatte keine Ausbildung im Rettungsdienst, war mit ihren 52 Kilogramm viel zu schmächtig, trug gerade keine Schuhe und – das ist vielleicht die wichtigste Anmerkung – litt an einer stark einschränkenden Rückenverletzung. Sie war seit über zehn Jahren keinen Schritt mehr gerannt.

Doch Laurie ließ sich von all diesen Dingen nicht abhalten, das zu tun, was sie tun musste.

In dem Wissen, dass sie keine Zeit zu verlieren hatte, sprintete Laurie aus dem Garten und rannte, so schnell sie konnte, auf das gestrandete Fahrzeug zu. Dabei überquerte sie unterwegs einen Bach und kletterte einen Bahndamm hinauf. Als sie das Auto erreichte, rief sie der 81-jährigen Angeline Pascucci zu, sie solle aussteigen. Sie bemerkte, dass Frau Pascucci zu verwirrt war, um allein zu agieren, also griff Laurie in den Wagen, entriegelte die Tür und zog die alte Dame aus dem Auto. »Ich konnte an nichts anderes denken als das Gesicht der Frau. Sie sah verloren aus. Sie brauchte Hilfe, und zwar sofort«, erzählte Laurie später den Reportern.

Der Güterzug mit 47 Waggons raste gnadenlos auf sie zu. Laurie, deren Füße blutig und voller Splitter waren, rollte mit Angeline Pascucci in ihren Armen den Bahndamm hinunter, nur Sekunden, bevor der Zug das Auto zerstörte.

Später sollte Laurie Ann Eldridge mit einer Medaille der *Carnegie Hero Fund Commission* ausgezeichnet werden, die Zivilisten für lebensrettende, besonders mutige Taten ehrt. Ihr Mut rettete an jenem Tag ein Leben und gab uns allen ein inspirierendes Beispiel für Mut angesichts von Angst.[4]

Mut, voranzugehen

Mir gefallen sehr viele Aspekte an Lauries Geschichte, aber eine Sache ragt für mich besonders heraus: Laurie ließ sich von *nichts* aufhalten. Es war ihr egal, dass sie klein war (sogar kleiner als die Frau, die sie rettete). Sie zögerte nicht, obwohl sie keine Schuhe anhatte; und sie handelte sofort, trotz einer Rückenverletzung, die sie seit zehn Jahren einschränkte. *Nichts* hielt sie davon ab zu handeln.

Ich erzähle diese Geschichte in diesem Kapitel, weil es viel zu viele Menschen gibt, die zugelassen haben, dass die Angst sie ausbremst oder ganz von dem abhält, was sie eigentlich tun wollen. Angst vor Versagen, Angst vor dem, was andere sagen könnten, Angst davor, dass die Vergangenheit sich wiederholt, Angst davor, dass wir »nicht das Zeug dazu« haben – diese Ängste (und viele andere) halten uns oft davon ab, das überreiche, überwindende Leben zu führen, das Gott für uns geplant hat.

Wenn du dein Leben wirklich lieben willst, musst du vielleicht einiges ändern, und wenn du dich aus Angst davon abhalten lässt, bleibst du dort gefangen, wo du dich gerade befindest. Beispielsweise hassen viele Menschen ihre Arbeit. In dem Fall ist die einzige Lösung, sich entweder eine neue Einstellung oder eine neue Arbeitsstelle zuzulegen! Sollte das auf dich zutreffen, dann möchte ich dir raten, aktiv zu werden. Weigere dich, dein Leben mit etwas zu verbringen, das du hasst, nur weil die Bezahlung gut ist oder weil es das ist, was du schon immer getan hast, und du dich vor einer Veränderung fürchtest. Wenn wir nicht mutig leben, werden wir keine Hoffnung haben, unser Leben zu *lieben*, und wahrscheinlich werden wir es nicht einmal *mögen*.

Jeder bekommt es irgendwann in seinem Leben einmal mit der Angst zu tun. Deshalb ist es so wichtig, dass wir verstehen, was Angst ist und wie wir uns durch sie hindurchkämpfen können, sobald sie auftaucht. Du kannst dein Leben nicht lieben, bis du dich entscheidest, ein starker, selbstbewusster, mutiger Mensch zu sein! Wenn wir uns der Angst nicht stellen und über sie hinauswachsen, werden wir oft voller Bedauern zurückblicken, wenn wir über all das nachdenken, was wir gern getan hätten und aus Angst nicht einmal probiert haben.

> Du kannst dein Leben
> nicht lieben, bis du dich
> entscheidest, ein
> starker, selbstbewusster,
> mutiger Mensch zu sein!

Angst beginnt gewöhnlich als Gedanke – als besorgter oder zögerlicher Gedanke. *Vielleicht kann ich das nicht. Vielleicht werde ich verletzt, wenn ich es versuche. Man wird mich auslachen.* Diese Gedanken können zu starken, intensiven Gefühlen werden, die uns davon abhalten, etwas zu tun, das für unser Leben von Vorteil wäre. Angst ist eines der effektivsten Mittel des Teufels, um Menschen zu manipulieren und sie davon abzuhalten, Gottes Willen zu tun. Vor Kurzem überkam mich der Geist der Angst, als ich mit dem Gedanken spielte, etwas Mutiges zu tun. Er präsentierte sich als ein flaues Gefühl in meiner Seele. Ich weiß noch, dass ich darüber nachdachte, wie unangenehm mir dieses Gefühl war. Gleichzeitig war ich jedoch froh, genug über die Methoden des Teufels zu wissen, um ihm widerstehen zu können. Es gab allerdings viele Jahre in meinem Leben, in denen ich das nicht wusste, und deshalb waren viele meiner Entscheidungen von Angst gesteuert. Wir sind von Gott nicht dazu erschaffen, ängstlich zurückzuweichen, sondern mutig voranzugehen und darauf zu vertrauen, dass er uns nie verlässt oder im Stich lässt.

Es lässt sich am besten so erklären: Angst ist das Gegenteil von Glauben. Gott will, dass wir im Glauben leben und seinem Plan für unser Leben vertrauen, doch der Feind will, dass wir ängstlich zurückweichen. Erst wenn wir lernen, aus dem Glauben zu leben und vorwärts zu gehen – unabhängig davon, ob wir Sorge oder Unruhe *empfinden* –, können wir ein erfülltes, befriedigendes, zufriedenes und fröhliches Leben in Christus führen.

Vielleicht denkst du jetzt: *Wie soll ich das denn machen? Wie finde ich die Kraft, mich für Glauben statt Angst zu entscheiden? Immerhin gibt es da draußen viele furchterregende Dinge, mit denen ich mich auseinandersetzen muss. Wie gehe ich vorwärts, obwohl ich Angst habe?* Das sind sehr gute Fragen, und ich habe entdeckt, dass die Antwort einfacher sein könnte, als du denkst.

Der beste Weg, um die Angst zu überwinden, ist, auf Gottes Verheißungen zu schauen statt auf die Probleme der Welt. So, wie wir unserem Körper Nahrung zuführen müssen, um ihn gesund und stark zu erhalten, müssen wir unseren Glauben mit Gottes Verheißungen nähren, damit er stark bleibt.

> Der beste Weg, um die Angst
> zu überwinden, ist, auf Gottes
> Verheißungen zu schauen.

- Statt dir ständig Sorgen über einen wirtschaftlichen Abschwung zu machen, erinnere dich bewusst daran, dass Gott verspricht, für alles zu sorgen, was du brauchst (siehe Philipper 4,19).
- Statt dich auf das zu konzentrieren, was unmöglich erscheint, denke lieber darüber nach, dass alles möglich ist, wenn du Gott auf deiner Seite hast (siehe Matthäus 19,26).
- Wenn das Untersuchungsergebnis beim Arzt entmutigend ist, konzentriere dich darauf, dass Gottes Wort uns Heilung zusagt (siehe Jesaja 53,5).
- Solltest du dich einsam und auf dich allein gestellt fühlen, vergiss nie, dass Gott immer bei dir ist (siehe 5. Mose 31,6).

Ich erlebe recht häufig, dass Zweifel versuchen, mit aller Macht in mein Herz zu drängen, und mein Glaube gerät ins Wanken. Doch wenn ich dann die Bibel zur Hand nehme und Gottes Verheißungen lese oder über sie nachsinne, kann ich spüren, wie die Zweifel beiseitegeschoben werden und mein Glaube wieder stark wird. Es sind die Verheißungen in Gottes Wort, die dir die Kraft geben, fest zu stehen, wenn alle anderen in deinem Umfeld zu fallen scheinen. Indem du dich auf Gottes Wort und die Verheißungen für dein Leben konzentrierst, die Gott dir gegeben hat, verlieren Sorge, Unruhe und Angst ihre Macht und du wirst feststellen, dass du dein Leben wieder genießt und liebst.

Wovor hast du Angst?

Am besten machst du einmal eine persönliche Bestandsaufnahme und fragst dich: *Wovor habe ich Angst? Gibt es Bereiche in meinem Leben, in denen mich die Angst an Fortschritten hindert?* Wenn du deine Ängste identifizieren kannst, kannst du dich aktiv mit ihnen auseinandersetzen. Vergiss nicht: Es ist nicht falsch, Angst zu haben (tatsächlich ist das ganz natürlich). Du solltest aber nicht zulassen, dass die Angst deine Entscheidungen und Handlungen steuert. Du kannst dich durchkämpfen in dem Wissen, dass Angst lediglich eine Waffe des Feindes ist, um dich von dem Besten abzuhalten, das Gott für dich hat. David schrieb: *Wenn ich Angst habe, vertraue ich dir* (Psalm 56,4). Beachte, dass David seine Angst nicht leugnete. Doch als er Angst verspürte, vertraute er Gott und machte weiter. Er ließ sich von seiner Angst nicht aufhalten. Ich bin überzeugt davon, dass du Angst empfinden wirst, wenn Gott dich in einem bestimmten Bereich auffordert, etwas Neues zu wagen, oder wenn er dir eine größere Aufgabe anvertraut. Doch wenn du dir sicher bist, dass Gott dich führt, dann setz dein Vertrauen auf ihn und geh mutig voran. Selbst wenn wir nur einen kleinen Schritt nach dem anderen gehen, werden wir am Ende an unserem gewünschten Ziel ankommen, solange wir uns weigern aufzugeben.

Ich erinnere mich an eine Zeit, in der wir größere Büroräume brauchten, um das Wachstum unserer Organisation zu bewältigen. Wir brauchten Computer, Schreibtische, mehr Mitarbeiter und so weiter. Ich hatte um Wachstum gebetet, damit wir mehr Menschen mit der biblischen Wahrheit helfen konnten, doch es war beängstigend, über die Mühe und die Kosten nachzudenken, die dafür erforderlich waren.

Ich musste also eine Entscheidung treffen: Wir konnten die notwendigen Schritte einleiten und im Glauben vorangehen, oder wir konnten zurückschrecken und vor Angst erstarren. Es wäre sehr leicht gewesen, uns von der Unsicherheit und den potenziellen Problemen zurückhalten zu lassen. Ich war auf jeden Fall versucht, der Angst nachzugeben. Ich hatte Gedanken wie: *Joyce, vielleicht geht das alles zu schnell. Das könnte ein kompletter Reinfall werden. Bist du dir sicher, dass das eine gute Idee ist?*

Bestimmt hattest du auch schon solche Gedanken in manchen Bereichen deines Lebens. Wenn du den Eindruck hattest, du solltest eine neue Stelle antreten: *Was ist, wenn ich damit auf die Nase falle?* Bei der Erziehung deiner Kinder: *Vielleicht mache ich ja alles falsch.* Wenn du auf jemanden zugegangen bist, um ihm zu helfen: *Was ist, wenn die Person mir jetzt sagt, ich soll mich um meine eigenen Angelegenheiten kümmern?* Aber wenn du dich auf die Verheißungen der Bibel stellst und im Glauben vorangehst, wirst du staunen, welche Freude mit dem Überwinden deiner Ängste einhergeht.

In meiner Situation kümmerte sich Gott wirklich um alles, was wir brauchten. Es war nicht immer leicht, und es gab durchaus Tage, an denen unser Glaube auf die Probe gestellt wurde. Wir fragten uns sogar manchmal, ob wir die richtigen Entscheidungen getroffen hatten. Doch wir überwanden unsere Ängste und vertrauten auf Gott, und er sorgte immer für uns. Es geschah nicht alles so, wie wir es erwartet hatten oder zu dem Zeitpunkt, den wir gewählt hätten, doch er kümmerte sich um unsere Bedürfnisse, und sein Weg war besser, als wir es uns je hätten vorstellen können.

> Wenn du dich auf die Verheißungen der Bibel
> stellst und im Glauben vorangehst, wirst du
> staunen, welche Freude mit dem
> Überwinden deiner Ängste einhergeht.

Heute schaue ich zurück und bin so dankbar, dass ich mich nicht von der Angst aufhalten ließ. Das ist auch einer der Gründe, warum ich dich so sehr ermutige, dich nicht ausbremsen oder aufhalten zu lassen. Wenn du deinem Herz nicht folgst und die Dinge nicht tust, die du eigentlich tun willst und von denen du überzeugt bist, dass du sie tun sollst, dann wirst du voller Bedauern leben – und das wird dich definitiv daran hindern, dein Leben zu lieben.

Schaue also tief in dein Herz hinein und identifiziere die Bereiche, in denen du heute Angst hast. Dann geh noch einen Schritt weiter: Finde heraus, was die Bibel über diese Ängste zu sagen hat. Lass dich von den Problemen nicht länger aufhalten, sondern lass Gottes Verheißungen eine Antriebskraft in deinem Leben sein. Hier sind einige dieser »Antriebsverheißungen«, auf die du dich jetzt verlassen kannst:

- *Fürchte dich nicht, denn ich bin bei dir. Sieh dich nicht ängstlich nach Hilfe um, denn ich bin dein Gott: Meine Entscheidung für dich steht fest, ich helfe dir. Ich unterstütze dich, indem ich mit meiner siegreichen Hand Gerechtigkeit übe. (Jesaja 41,10)*
- *Denn Gott hat uns nicht einen Geist der Furcht gegeben, sondern einen Geist der Kraft, der Liebe und der Besonnenheit. (2. Timotheus 1,7)*
- *Und unsere Liebe kennt keine Angst, weil die vollkommene Liebe alle Angst vertreibt. (1. Johannes 4,17-18)*

Lass dich durch nichts zurückhalten

Laurie Ann Eldridge war mutig, obwohl sie keine Erfahrung im Rettungsdienst hatte. Sie war fest entschlossen, selbst ohne Schuhe an den Füßen. Sie rannte, obwohl sie seit zehn Jahren nicht mehr gerannt war. Und was ist mit dir? Wirst du die Begrenzungen in deinem Leben zurückweisen und auf die Gelegenheiten, die vor dir liegen, zulaufen?

Ich verstehe es, wenn du Angst hast, und ich weiß, dass du dich vielleicht mit legitimen Herausforderungen konfrontiert siehst. Aber denk nur daran, welche Belohnung auf dich wartet!

Wenn du Nein zur Angst und Ja zu Gott sagst, liegt vor dir ein Leben voller Potenzial, Staunen und neuen Möglichkeiten. Lass dich nicht länger von der Angst aufhalten. Lauf in deine Zukunft und beobachte, wie Gott etwas Wunderbares mit deinem Leben macht!

Nicht vergessen ...

- Erst wenn wir lernen, aus dem Glauben zu leben und vorwärts zu gehen, ungeachtet der Angst, die wir vielleicht *empfinden*, können wir ein erfülltes, befriedigendes und frohes Leben in Christus führen.
- Der beste Weg, um die Angst zu überwinden, ist, sich auf Gottes Verheißungen zu konzentrieren statt auf die Probleme.
- Wenn du glaubst, dass Gott dich in eine bestimmte Richtung führt, dann setz dein Vertrauen auf ihn und mach einen Schritt im Glauben.
- Du wirst es nie bereuen, im Gehorsam gegenüber der Wegweisung Gottes in deinem Leben voranzugehen.

Es gibt nur ein Glück in diesem Leben:
lieben und geliebt werden.
– George Sand

KAPITEL 4

Die Kraft der Gnade

Möge die vollkommene Gnade und ewige Liebe Jesu
Christi, unseres Herrn, unser unerschütterlicher
Schutz und unsere Hilfe sein.

— St. Ignatius

Hast du schon einmal darüber nachgedacht, was dein Leben antreibt?

Denk einmal an ein Auto, ein Boot, einen Herd oder sogar so etwas Einfaches wie einen Haartrockner. All diese Dinge werden von irgendetwas angetrieben – Benzin, Elektrizität, Solarenergie oder Erdgas. Ohne eine Kraftquelle würden sie nicht richtig funktionieren.

Wie ist das bei dir? Was ist die Kraftquelle für dein Leben? Wenn die Antwort etwas ist, das von dir abhängt, so wie dein Intellekt, dein Sinn für Unabhängigkeit, deine starke Arbeitsmoral, deine Bildung oder deine gewinnende Persönlichkeit, muss ich dich warnen, dass dein Leben nicht richtig funktionieren wird. Vielleicht »stottert« es noch ein Weilchen vor sich hin, doch irgendwann wirst du merken, dass keine dieser Kraftquellen ausreicht, um dich aufrechtzuerhalten und dich zu befähigen, dein Leben zu genießen.

Ist die »Antriebsquelle« für dein Leben ein anderer Mensch, wie zum Beispiel dein Ehepartner und deine Kinder, oder die Zufriedenheit, die dir dein Arbeitsplatz, deine Freundschaften oder auch dein Gemeindeleben bringt, wird das Ergebnis nicht viel besser ausfallen. Leider können Menschen uns enttäuschen. Beziehungen sind wichtig, aber sie dürfen nicht das sein, wovon wir uns abhängig machen, um Lebenskraft zu empfangen. Andere Menschen können ein großer Segen sein, doch sie werden nie als einzige Kraftquelle ausreichen.

Hier möchte ich dir von dem wunderbaren Geschenk erzählen, das Gott uns als »Kraftstoff« für unser Leben gegeben hat – seine Gnade.

Gottes Gnade ist wirklich wunderbar

Ich habe festgestellt, dass wir alle – selbst Menschen, die schon lange Christen sind – hin und wieder zu kämpfen haben. Keiner von uns ist immun gegen frustrierende Gewohnheiten, enttäuschende Misserfolge oder das gelegentliche Gefühl, dass wir bestimmte Dinge einfach nicht schaffen können. Doch die gute Nachricht ist: Sobald Gottes Gnade sich dir in deinem Leben offenbart, erhältst du die nötige Kraft, um diese Kämpfe zu überwinden.

Ich möchte dir zeigen, was ich meine …

Denk an ein Problem, das dich momentan beschäftigt – eine schlechte Angewohnheit, Frust bei der Arbeit, einen Beziehungskonflikt oder etwas Ähnliches, das dir schwer im Magen liegt. Nun möchte ich dich fragen: Hast du aus eigener Kraft *versucht*, die Dinge in Ordnung zu bringen? Wenn ja, wie ist das bisher für dich gelaufen? Hast du dein Problem gelöst oder ist dir die perfekte Lösung noch nicht eingefallen?

Wenn du dich immer noch mit dem gleichen Frust herumschlägst, dann lass dich nicht entmutigen – du befindest dich in der besten Situation, um zu erkennen, wie wunderbar Gottes Gnade wirklich ist! Verstehst du, Gnade ist *Gottes* Kraft, nicht unsere. Gnade ist die Kraft, durch die wir schlechte Angewohnheiten überwinden, Frieden in einer Beziehung schließen oder Zeiten der Prüfung erfolgreich bewältigen, ohne den Versuch, es aus eigener Kraft zu schaffen. Einfach ausgedrückt ist Gnade die Kraft Gottes, die uns befähigt, mit Leichtigkeit das zu tun, was wir allein nie schaffen könnten.

Das Einzige, was unsere Versuche oder unsere eigenen Bemühungen je hervorbringen, ist Frust, denn wir versuchen es aus eigener Kraft. Ohne Gottes Hilfe können wir uns selbst niemals besser machen. Es ist interessant, dass *versuchen* kein biblisches Prinzip ist. Ja, das Wort »versuchen« kommt in der Bibel vor, doch nicht, um uns aufzufordern, dass wir versuchen sollen, es besser zu machen oder besser zu sein. Wenn man die Bibel studiert, sieht man, dass »versuchen« oft eher im Sinne von »prüfen« oder »auf die Probe stellen« verwendet wird: »den Glauben prüfen«, »die Geister prüfen«, »uns auf die Probe stellen, um unseren Charakter zu prüfen«. All unsere *Versuche*, oder menschlichen Anstrengungen ohne Gott, sind in Wirklichkeit nur »Werke des Fleisches«, die nie eine dauerhafte Veränderung hervorbringen werden. Nur Gottes Kraft – seine Gnade – kann das tun.

> Gnade ist die Kraft Gottes, die uns befähigt, mit Leichtigkeit das zu tun, was wir allein nie schaffen könnten.

Versteh mich bitte nicht falsch: Es ist großartig, ein besserer Mensch sein zu wollen, und die Bibel fordert uns tatsächlich auf, jede Anstrengung zu unternehmen, ein gottesfürchtiges Leben zu führen (siehe 2. Petrus 1,5). Daran ist nichts Schlechtes. In der Tat ist das ein Wunsch, den Gott uns ins Herz gibt, doch Galater 3,10 sagt sehr deutlich: *Wer dagegen auf das Gesetz vertraut, um vor Gott gerecht zu werden, steht unter einem Fluch.* Deshalb sind wir in verschiedenen Situationen unseres Lebens oft frustriert oder überfordert – wir versuchen, sie selbstständig zu lösen, und das wird niemals gelingen. Wenn du dich in dieser Situation befindest, ist die Lösung ganz einfach. Du musst nur eines tun:

Bitte Gott um seine Hilfe

Gott liebt dich mehr, als du dir jemals vorstellen kannst. Wenn du Jesus als deinen Retter angenommen hast, bist du Gottes Kind, und es macht ihm Freude, dir zu helfen. Doch er wird dir niemals seine Hilfe aufzwingen. Du hast die Wahl, es aus eigener Kraft zu versuchen oder um seine Hilfe und Wegweisung in deinem Leben zu bitten. Viel zu oft versuchen wir stur, uns selbst »in Ordnung zu bringen« und Situationen aus eigener Kraft zu lösen. Ich glaube wirklich, es bricht Gott das Herz, wenn er sieht, wie wir uns mit Situationen im Leben abmühen, in denen wir nichts weiter tun müssten als innezuhalten und ihn um Hilfe zu bitten.

Gott hat mir diese Wahrheit auf eine Weise beigebracht, die ich nie vergessen werde …

Mein Mann Dave ist ziemlich groß, ich aber nicht. Wir haben in unserem Haus über dem Spülbecken in der Küche ein sehr hohes Fenster. Wenn dieses Fenster offen ist, kann ich es nicht ohne viel Aufwand und große Anstrengung schließen. Wie würde sich Dave wohl fühlen, wenn ich jedes Mal, wenn ich das Fenster schließen möchte, zu unserem Nachbarn rennen und ihn um Hilfe bitten würde? Oder was wäre, wenn ich es selbst versuchen würde – mit viel Recken und Strecken oder indem ich vielleicht auf den Küchentresen klettern und dabei Dinge umwerfen und mich völlig verausgaben würde –, während Dave direkt daneben sitzt? Die Wahrheit ist: Es wäre eine Beleidigung für ihn. Es würde ihn auf jeden Fall verletzen, wenn ich seine Hilfe nicht in Anspruch nehmen würde, obwohl ich sie brauche.

Genauso betrübt es Gott zu sehen, wie wir uns unnötig abkämpfen, während er doch die ganze Zeit da ist und nur darauf wartet, dass wir *versuchen* gegen *vertrauen* eintauschen. Ganz gleich was dich heute belastet: Du musst nichts weiter tun als Gott zu vertrauen und ihn um seine Hilfe – seine Gnade – zu bitten. Diese Gnade gibt dir die Kraft, ein Leben in Fülle zu führen. Durch Anstrengungen, Kämpfe und Versuche wirst du das nie erreichen. Epheser 2,8-9 sagt uns sehr deutlich:

*Weil Gott so gnädig ist, hat er euch durch den Glauben gerettet. Und das ist nicht euer eigenes Verdienst; es ist ein **Geschenk Gottes**. Ihr werdet also **nicht aufgrund eurer guten Taten** gerettet, **damit sich niemand etwas darauf einbilden kann**.*

(eigene Hervorhebung)

So wie du durch Gottes Gnade errettet wurdest, kannst du jeden Tag deines Lebens in der Kraft der Gnade Gottes leben. Das ist die beste Art und Weise zu leben! Du musst nichts weiter tun als dich zu demütigen, Gott um seine Hilfe zu bitten und dann das zu tun, was er dir aufträgt. Du kannst auf ihn statt auf deine eigenen Anstrengungen vertrauen, weil er mächtig ist und alles tun kann. Du hast dabei auch einen Teil zu erledigen, aber Gott wird dir die Kraft geben, um das zu tun, was er von dir verlangt. Vertrau auf seine Güte – er liebt dich so sehr und er möchte dir helfen, ganz gleich was du durchmachst. Ist das nicht wunderbar?

> Du musst nichts weiter tun als
> Gott zu vertrauen und ihn um
> seine Hilfe zu bitten.

Vergiss nicht, dass Gott uns dazu berufen hat, in seine Ruhe hineinzukommen. Er will nicht, dass wir frustriert sind, sondern er wünscht sich, dass wir Frieden genießen. Jesus sagte, dass er uns seinen Frieden hinterlässt; aber wir müssen aufhören, uns zu erlauben, aufgeregt und verstört, ängstlich und eingeschüchtert zu sein (siehe Johannes 14,27). Ich habe Folgendes gelernt: Wenn ich frustriert bin, bedeutet das, dass ich mir erlaubt habe, die »Werke des Fleisches« zu tun – das heißt, ich versuche aus eigener Kraft das zu tun, was nur Gott tun kann. In dem Fall muss ich mich ganz neu entscheiden, Gottes Gnade zu empfangen und mit ihm zu arbeiten statt ohne ihn.

Frustration ist eine »Visitenkarte«, die mich daran erinnert, dass ich mich wieder auf Gott stützen und verlassen muss statt auf mich selbst oder andere Menschen. Bei dir mag es ganz ähnlich sein.

Gnade, dein Leben zu lieben

Ich glaube, uns steht an jedem Tag unseres Lebens und für jede Situation, in der wir uns befinden, Gnade zur Verfügung. Gott ist nicht überrascht oder überrumpelt, wenn wir einer herausfordernden Situation begegnen. Er wusste lange vor dir, was du bewältigen musst. Er hat schon alles bereitgestellt, was du brauchst, um daraus zu lernen und hinterher stärker daraus hervorzugehen. Deshalb sagt die Bibel, dass wir uns *immer* im Herrn freuen können (siehe Philipper 4,4). Gott wird uns nie in eine Situation bringen oder zulassen, dass wir in bestimmte Umstände geraten, ohne uns die Fähigkeit zu geben, mit Freude dort zu sein.

Die Kraft der Gnade ist entscheidend für ein Leben, das du lieben kannst, weil Gottes Kraft mehr für dich tut als dir zu helfen, den Alltag einfach zu überstehen. Seine Gnade befähigt dich, ein überwindendes, zuversichtliches, von Freude erfülltes Leben in Christus zu führen. Schweres gelingt uns mit Leichtigkeit, wenn wir es aus Gottes Gnade tun.

Ich habe von Menschen schon Aussagen gehört wie: »Ich bleibe in dieser Situation«, oder; »Ich versuche, das durchzuziehen, weil ich glaube, Gott möchte das von mir, aber ich fühle mich dabei so schlecht und unglücklich.« Ich bin überzeugt davon, dass Gott so nicht vorgeht. Es mag nicht immer leicht sein, doch wenn Gott dich in eine Situation gestellt hat, wird er dir besondere Gnade schenken, um darin zu bleiben. Mir gefällt der Satz: »*Gott schenkt uns Gnade für den Platz, an dem wir gerade stehen.*« (»*God gives us grace for our place*«). Das bedeutet, dass du Frieden und Freude inmitten dessen haben wirst, was dir begegnet. Andere fragen sich dann vielleicht, wie du das, was du tust, tun und dabei so voller Frieden bleiben kannst. Das ist ein großes Zeugnis für Gottes Kraft, die in deinem Leben wirkt.

> Schweres gelingt uns mit
> Leichtigkeit, wenn wir es
> aus Gottes Gnade tun.

Ein Beispiel: Für viele Menschen ist das Reden in der Öffentlichkeit ein furchterregendes Unterfangen. Sie werden nervös, wenn sie nur daran denken, aufzustehen und vor einem größeren Publikum zu reden, geschweige denn, wenn sie es tatsächlich tun. Doch ich stehe sehr gern vor großen Gruppen von Menschen und lehre Gottes Wort. Bei unseren Konferenzen und Evangelisationen spreche ich vor Tausenden von Menschen – völlig problemlos. Dafür gibt es nur einen Grund, nämlich die Gnade Gottes. Gott hat mir die Gnade (seine Kraft) in diesem Bereich gegeben, damit ich tun kann, wozu er mich berufen hat. Ich höre ständig von anderen: »Joyce, ich weiß nicht, wie du das machst!« Doch für mich ist das nicht schwierig, weil Gott mir Gnade für meine Aufgabe geschenkt hat. Diese Gnade befähigt mich, mein Leben zu lieben und es zu genießen.

Genauso gibt es Dinge, die du tust – Bereiche deines Lebens –, für die andere wahrscheinlich nicht die Geduld, Fähigkeit oder Kraft hätten. Ob es die Erziehung von kleinen Kindern ist, die Arbeit in einem bestimmten Beruf, eine bestimmte Rolle im geistlichen Dienst oder das Meistern einer einzigartigen Herausforderung: Gott hat dir die Gnade dazu gegeben, weil es zu seinem Plan für dein Leben gehört. Du empfängst seine Gnade (unverdiente Gunst und Kraft) durch den Glauben. Denk daran, dich nicht von der Gnade Gottes abzuwenden, wenn es in diesen Lebensbereichen schwierig wird (und das wird es mit Sicherheit). Versuch nicht, allein durchzuhalten oder die Lösung in deiner eigenen Kraft zu suchen. Verlass dich stattdessen auf Gott und vertrau darauf, dass er dir die Anweisungen und Antworten gibt, die du zum Weitermachen brauchst. Vielleicht musst du es einen Tag nach dem anderen angehen oder sogar einen Moment nach dem anderen, aber ich glaube, du wirst feststellen, dass du viel mehr Freude hast, wenn du deinen Blick auf Gott gerichtet hältst und von ihm abhängig bleibst.

Bitte vergiss nicht, dass die »Werke des Fleisches« immer mit Frustration gleichzusetzen sind; doch die Gnade befähigt uns, mit Leichtigkeit das zu schaffen, was wir mit viel Kampf und Anstrengung allein nie erreichen könnten.

Es gibt einen Weg

Die Einstellung, mit der wir leben – das Maß an Freude, Frieden und Stabilität, das wir besitzen –, bestimmt, wie sehr oder wie wenig wir jeden einzelnen Tag unseres Lebens genießen. Wenn du schon eine Weile auf dieser Welt lebst, hast du gelernt, dass nur wenige Tage genau so verlaufen, wie du es möchtest. Gerade heute, während ich an diesem Buch schreibe, haben wir eine Hochwasserwarnung in unserer Stadt. Wir stehen vor der Herausforderung und Unannehmlichkeit, einige Tage von der Außenwelt abgeschnitten zu sein, da alle Straßen, die zu unserem Haus führen, gesperrt werden. Mehrere meiner Termine müssen verschoben werden, und ich muss die Stadt wegen einer Konferenz verlassen. Als ob das nicht genug wäre, bin ich gerade durch mein Haus gelaufen und habe Tropfgeräusche gehört. Ich bin der Sache nachgegangen und habe festgestellt, dass die Decke undicht ist und deshalb Wasser auf Boden und Kaminsims tropft.

Ich kann mich aufregen und von meiner Arbeit ablenken lassen, oder ich kann das tun, was ich tun kann, und darauf vertrauen, dass Gott sich um alles kümmert, was ich nicht tun kann. Bis wir aufhören, unsere Freude von unseren Umständen bestimmen zu lassen, werden wir keine Stabilität genießen. Der Psalmist David sagte (Psalm 91,1): *Wer im Schutz des Höchsten lebt, der findet Ruhe im Schatten des Allmächtigen.*

Inmitten aller Herausforderungen und Überraschungen im Leben gibt es gute Nachrichten: Wir haben die Möglichkeit, glücklich zu sein, selbst wenn die Umstände uns nicht unbedingt passen oder wir nicht so schnell einen Durchbruch erleben, wie wir es uns wünschen, oder wenn Menschen in unserem Umfeld nicht so sind, wie wir sie gern hätten, oder wenn wir enttäuscht sind. Durch Gottes Gnade steht uns diese Möglichkeit offen!

Vergiss nicht: Gottes Gnade wird nie knapp. Du kannst so viel davon bekommen, wie du brauchst, so oft, wie du sie brauchst. Seine Kraft kommt in unserer Schwachheit zur Vollendung (siehe 2. Korinther 12,9). Wir müssen nichts weiter tun als darum zu bitten und sie zu empfangen, sodass unsere Freude vollkommen wird (siehe Johannes 16,24). Gnade ist wie Elektrizität, die ständig in unsere Häuser fließt: Wir profitieren nicht davon, wenn wir nicht ein Gerät an die Kraftquelle anschließen. Schlicht und einfach gesagt: Gnade ist Kraft, und wir erhalten diese Kraft, indem wir uns im Glauben damit verbinden. Vielleicht erlebst du so viele Kämpfe in deinem Leben, weil du »ausgeklinkt« bist. Doch du kannst dich sofort mit dieser Kraftquelle verbinden und anfangen, den Kraftstrom zu empfangen, der das Leben angenehm macht.

Die Bibel sagt, dass jedem Menschen ein gewisses Maß an Glauben gegeben wird (siehe Römer 12,3). Das Maß, das uns gegeben wird, ist genau das Maß, das wir für die Dinge brauchen, die Gott uns zu tun aufträgt. Statt also zu versuchen, unsere Probleme zu lösen oder Dinge auf eigene Faust in Ordnung zu bringen oder zu bewältigen, können wir unseren Glauben einsetzen, indem wir darauf vertrauen, dass Gott sich darum kümmert. Dann kommt Gottes Gnade – seine Kraft – durch diesen »Kanal des Glaubens« und befähigt uns zu dem, was wir allein nicht tun konnten. Es wird uns und andere in Erstaunen versetzen.

Ich schlage dir vor, dass du dir einen Moment Zeit nimmst und Gott alles hinlegst, was dich frustriert oder belastet. Nenne ihm jede einzelne Sache. Dann überlass das alles Gott und bitte ihn um seine Gnade. Nimm dir die Zeit, sie im Glauben zu empfangen. Vielleicht spürst du keinen Unterschied, aber glaube, dass du das empfangen hast, worum du gebeten hast, und dann mach einfach mit deinem Leben weiter. Wenn du dich in den kommenden Tagen und Monaten immer noch frustriert und unglücklich fühlst, solltest du vielleicht einmal überlegen, ob du wirklich das tust, was Gott von dir will, oder nicht. Jesus ist nicht für uns gestorben, damit wir uns durchs Leben kämpfen und es bloß ertragen. Er möchte, dass wir voll und ganz das Leben führen und lieben, das er uns geschenkt hat.

Bei jedem von uns gibt es Zeiten im Leben, in denen wir meinen, dass wir das tun, was wir tun sollten – und doch läuft nichts richtig und wir haben die Freude verloren. Dann stellen wir fest, dass Gott möchte, dass wir abbiegen und in eine andere Richtung gehen. Es könnte eine leichte Kurve sein oder eine komplette Kehrtwendung, aber vergiss nicht, dass Gott uns nie zu etwas auffordert, bei dem wir uns ständig abmühen müssen und uns die Freude abhanden kommt. Hab keine Angst vor Veränderung und hab keine Angst davor herauszufinden, dass du irgendwo auf der Straße des Lebens einmal falsch abgebogen bist.

Vielleicht hilft dir ein Beispiel. Im Laufe der Jahre haben wir unseren Konferenzplan fünf Mal geändert. Früher führten wir 36 Konferenzen im Jahr durch, und das wurde zu anstrengend. Also reduzierten wir auf 24 pro Jahr, und nach einigen Jahren wurde auch das zu anstrengend und wir entschieden uns für 18 Konferenzen im Jahr. Dann reduzierten wir noch einmal auf 13, und kürzlich auf 12. Außerdem haben wir eine Konferenzeinheit gestrichen und veranstalten nun nur noch drei statt der bisher üblichen vier. Warum diese Veränderung? Jedes Mal stellten wir irgendwann fest, dass das, was uns früher leicht fiel, sehr schwierig wurde und uns die Freude raubte – und wir wussten, dass dies nicht dem Willen Gottes für uns entsprach.

Gott schenkt uns immer genügend Gnade für das, was er von uns möchte. Die Anwesenheit oder die Abwesenheit der Gnade hilft uns unter anderem zu erkennen, ob wir Gottes Willen tun oder nicht. In einer bestimmten Phase unseres Lebens kann es sein, dass wir mit einer bestimmten Tätigkeit Gottes Willen folgen, doch wir müssen sie niederlegen, um in die nächste Phase übergehen zu können. Selten tun wir unser Leben lang etwas auf immer genau die gleiche Art und Weise. Es ist eine sehr wichtige Fähigkeit, erkennen zu können, wann von Gott her eine Veränderung angesagt ist, damit wir nach seinem Willen leben können.

Nicht vergessen …

- Worauf verlässt du dich als Kraftquelle deines Lebens? Ist es deine eigene Kraft oder sind es deine Fähigkeiten? Ist es ein anderer Mensch oder eine Beziehung? Oder ist es Gott und seine Gnade in deinem Leben?
- Gnade ist Gottes Kraft – nicht unsere. Gnade ist die Kraft, durch die wir schlechte Angewohnheiten überwinden, Frieden in einer Beziehung schließen oder Zeiten der Prüfung erfolgreich bewältigen, ohne dass wir ständig frustriert und unglücklich sind.
- Es bricht Gott das Herz, wenn er sieht, wie wir uns mit Situationen im Leben abmühen, in denen wir nichts weiter tun müssten als innezuhalten und ihn um Hilfe zu bitten.
- Wenn Gott dich in eine Situation hineingestellt hat, wird er dir auch besondere Gnade dafür schenken.
- Gottes Kraft steht dir ohne Gegenleistung zur Verfügung, wenn du dein Vertrauen auf ihn setzt.

Es gibt zwei Arten, sein Leben zu leben:
entweder so, als wäre nichts ein Wunder,
oder so, als wäre alles ein Wunder.
– Albert Einstein

KAPITEL 5

Vergifte die Gegenwart nicht mit der Vergangenheit

Ich mag die Träume von der Zukunft lieber als die Geschichte der Vergangenheit.

– Thomas Jefferson

F*ast Food. Luftverschmutzung. Gerüchte. Schwarzer Schimmel. Düstere Gedanken.* Was haben all diese Dinge gemeinsam? Antwort: Sie sind schlecht für uns. Giftig. Zerstörerisch. Wir alle wissen, dass wir diese schädlichen Gifte meiden müssen. Wenn wir uns ihnen zu sehr aussetzen, können sie unseren Körper, unsere Seele, unseren Geist zerstören. Das sagt uns der gesunde Menschenverstand. Wir wissen, dass wir sie meiden müssen, weil sie uns schaden können – manchmal unwiederbringlich.

Es gibt etwas, das genauso zerstörerisch ist und in unseren Gedanken gleich hinter der nächsten Ecke lauert, etwas, das für unsere Seele ebenso giftig ist wie die Umweltverschmutzung für unseren Körper: das Gift der Vergangenheit. Es ist eine Gefahr, die unser gegenwärtiges Glück einschränken und unsere zukünftige Hoffnung zerstören kann. Vergangener Schmerz oder altes Bedauern ist ein Gift, das zu viele Menschen unwissentlich täglich in sich aufnehmen.

Ich weiß das aus eigener Erfahrung. Jahrelang diktierte der Schmerz, den ich erlebt hatte, wie ich an mein Leben und an meine Beziehungen heranging. Es fiel mir schwer, irgendjemandem zu vertrauen oder zu glauben, dass ich in der Gegenwart anderer Menschen sicher war. Mein Denken und meine Beziehungen waren von der tragischen Vergangenheit beeinträchtigt, die ich durchlitten hatte. Es fiel mir schwer zu glauben, dass ich je ein gutes Leben haben könnte, weil ich eine wahrhaft schmerzliche Vergangenheit hinter mir hatte. Bis ich bei Jesus Heilung fand, dachte ich, ich würde einfach für immer zweitrangig, minderwertig, wütend, verbittert, enttäuscht und verängstigt sein.

Doch die gute Nachricht ist: Ich durfte mit Gottes Hilfe lernen, dass meine Vergangenheit nicht meine Zukunft bestimmen musste. Ich hatte keinen guten Start im Leben, aber ich bin fest entschlossen, ein gutes Ende zu haben! Gott hat mich nicht dazu berufen, mein Leben lang ein Opfer zu sein, und dich auch nicht. Er hat etwas viel Besseres geplant. Als ich begriff, dass meine Vergangenheit mich nicht definieren musste, konnte ich anfangen, mich von Gottes Wort definieren zu lassen. Das war eine wichtige Entdeckung! Ich begann zu erkennen, dass ich kein Opfer oder eine traurige Geschichte war – ich war ein Kind Gottes. Ich war geliebt, angenommen und umsorgt, und vor mir lag durch Jesus eine wunderbare Zukunft.

Gott hat mich nicht dazu berufen,
mein Leben lang ein Opfer zu sein,
und dich auch nicht.

Das gilt auch für dich. Ganz gleich was du in der Vergangenheit getan hast, oder was dir jemand angetan hat: Du bist mehr als der Schmerz, den du erlebt hast. Du gehörst zu Gott, und er hat einen guten Plan für dich. Jeremia 29,11 sagt uns:

> »Denn ich weiß genau, welche Pläne ich für euch gefasst habe«, spricht der Herr. »Mein Plan ist, euch Heil zu geben und kein Leid. Ich gebe euch Zukunft und Hoffnung.«

Doch um diese strahlende Zukunft erleben und dein gegenwärtiges Leben lieben zu können, wirst du nicht umhinkommen, das Gift der Vergangenheit loszulassen. Wenn du das tust, wirst du anfangen, die Gegenwart zu genießen – ungeachtet der Vergangenheit.

Heilung von vergangenem Schmerz

Wenn ich mich mit der Bibel beschäftige, ermutigt es mich zu sehen, dass Jesus während seines gesamten irdischen Wirkens Heilung brachte – körperliche, geistige, emotionale und geistliche Heilung.

- Als der blinde Mann ihn vom Straßenrand aus um Hilfe rief, blieb Jesus stehen und öffnete ihm die Augen (siehe Lukas 18,35-42).
- Als Petrus über sein Versagen am Boden zerstört war, ließ Jesus ihn ausdrücklich wissen, dass er noch eine Zukunft hatte (siehe Johannes 21,15-21).
- Als eine Frau, die beim Ehebruch ertappt worden war, zu Jesus gebracht wurde, bot er ihr Gnade an und sagte dann: *»Geh und sündige nicht mehr«* (siehe Johannes 8,3-11).

Dies sind nur einige wenige der vielen Beispiele für göttliche Heilung. Jesus verpasste nie eine Gelegenheit, Menschen in Not von ihrem Schmerz zu heilen. Und das ist nicht nur ein Phänomen, das auf biblische Zeiten begrenzt ist. In Hebräer 13,8 steht eine wunderbare Verheißung:

Jesus Christus ist gestern, heute und in Ewigkeit derselbe.

So wie Jesus im Neuen Testament Menschen von ihrem Schmerz heilte, heilt er auch heute noch. Ganz gleich was du in der Vergangenheit an Schmerz, Missbrauch, Misshandlungen oder Enttäuschungen erlebt hast: Jesus kann dich heilen, sodass du vorangehen und ein gesundes, heiles Leben in ihm führen kannst. Kein Trauma ist zu groß, kein Fehler zu kostspielig –

Jesus kann alles heilen. Kein Loch ist so tief, dass Jesus nicht hineingreifen und dich herausziehen kann!

Kein Loch ist so tief, dass Jesus
nicht hineingreifen und dich
herausziehen kann!

Das ist wichtig zu wissen, damit die Vergangenheit nicht deine Gegenwart vergiftet. Wenn du dein Leben wirklich lieben willst, musst du zuerst die Heilung annehmen, die Jesus Christus dir anbietet. Wenn etwas aus deiner Vergangenheit versucht, deine Gegenwart (und Zukunft) zu vergiften, möchte ich dich ermutigen, jetzt das folgende (oder ein ähnliches) Gebet zu sprechen:

> *Vater, du kennst den Schmerz, den ich erlitten habe. Du weißt, was ich in der Vergangenheit getan habe oder was mir angetan wurde. Du weißt, welche Auswirkungen das auf mich gehabt hat und dass ich in diesem Trauma der Vergangenheit stecken geblieben bin. Ich bete heute, dass du meine Seele heilst und mir Hoffnung auf eine bessere Zukunft gibst. Ich entscheide mich bewusst dafür, die Vergangenheit loszulassen und dir zu vertrauen, während ich nun die nächsten Schritte in meinem Leben mache. Ich möchte nicht mehr von meiner Vergangenheit zurückgehalten werden. Bitte heile mich vollständig und hilf mir, die Schritte zu gehen, die nötig sind, um ein neues Leben in dir zu beginnen.*

Ich möchte dich ermutigen, nicht zu vergessen, dass unser Weg mit Gott eine Reise ist und unser Weg, je länger wir ihn mit Gott gehen, immer heller und heller wird. Mach nicht den gleichen Fehler wie viele andere Menschen, nämlich zu meinen, dass alle Heilung sofort geschehen sollte. Heilung braucht Zeit, und wir sollten jeden Schritt und jeden kleinen Fortschritt genießen!

Neue Hoffnung für die Zukunft

Martha Washington sagte einmal: »Der größere Teil unseres Glücks oder Unglücks hängt von unserer Einstellung ab, nicht von unseren Umständen.«[5] Mit anderen Worten, nicht unsere gegenwärtigen Umstände, sondern die Denkweise, die wir in Bezug auf unsere Zukunft haben, bestimmt zu einem großen Teil, was für ein Leben wir führen werden.

Mir gefällt, wie der Apostel Paulus es in Epheser 4,22-23 zum Ausdruck bringt. Er schreibt:

Deshalb sollt ihr euer altes Wesen und eure frühere Lebensweise ablegen ... Lasst euch stattdessen einen neuen Geist und ein verändertes Denken geben.

Ein »neuer Geist und ein verändertes Denken« sind unverzichtbar, wenn du entdecken willst, wie du dein Leben lieben kannst. Du kannst jede schwierige Situation, jeden Schmerz aus deiner Vergangenheit überwinden, indem du mit Gott übereinstimmst und sagst: »Ja, das ist in meinem Leben passiert, aber Gott ist auf meiner Seite und ich weiß, dass er einen guten Plan für mich hat.«

> Was wir als Sackgasse sehen mögen, sieht Gott als Neuanfang!

Mit Gottes Hilfe kannst du deine Vergangenheit überwinden und lernen, große Hoffnung für die Zukunft zu haben. Gott liegt alles am Herzen, was dich betrifft. Denke nie, dass er zu beschäftigt ist, um dir zu helfen! Was wir als Sackgasse sehen mögen, sieht Gott als Neuanfang!

Die Israeliten konnten Gottes Vision für ihr Leben nicht sehen. Deshalb wanderten sie 40 Jahre lang durch die Wüste. Sie betrachteten alles durch das Prisma ihrer Vergangenheit. Sie hatten sogar so wenig Vision für die Zukunft, dass sie nach Ägypten und in das Leben der Sklaverei zurückkehren wollten, das sie kannten. Die Vergangenheit war nicht gut, aber sie war ihnen vertraut. Sie schauten immer wieder zurück nach Ägypten, doch Gott wollte die ganze Zeit, dass sie Hoffnung für die Zukunft hatten.

Wir brauchen eine Vision, die
über das hinausgeht, was wir
bereits erlebt haben.

Wir tun gut daran, von den Israeliten zu lernen. Wenn wir wollen, dass sich in unserem Leben etwas verändert, brauchen wir eine Vision, die über das hinausgeht, was wir bereits erlebt haben. Wir müssen mit Hoffnung in die Zukunft blicken.

Das geht am besten, wenn wir uns auf die biblischen Verheißungen stellen. In der Bibel steht zum Beispiel:

Ich bin ganz sicher, dass Gott, der sein gutes Werk in euch angefangen hat, damit weitermachen und es vollenden wird bis zu dem Tag, an dem Christus Jesus wiederkommt.

Philipper 1,6

Deshalb werdet nicht müde zu tun, was gut ist. Lasst euch nicht entmutigen und gebt nie auf, denn zur gegebenen Zeit werden wir auch den entsprechenden Segen ernten.

Galater 6,9

Der Weg der Gottesfürchtigen ist wie der erste Sonnenstrahl am Morgen, der immer heller leuchtet, bis das volle Licht des Tages erstrahlt.

Sprüche 4,18

Diese und viele ähnliche Verheißungen geben uns die Hoffnung, dass Gott große Dinge für uns vorbereitet hat. Es mag sein, dass du in der Vergangenheit viel kämpfen musstest; doch das bedeutet nicht, dass du immer kämpfen wirst. Erwarte, dass dir jeden Moment etwas Gutes passieren kann!

Unsere Hoffnung ist nicht durch das begrenzt, was wir um uns herum sehen oder was wir in der Vergangenheit durchgemacht haben. Hoffnung, die uns aufrechterhält, ist Hoffnung, die sich auf Gottes Wort und seine Verheißungen für unser Leben gründet. Gott tut immer etwas Neues. Darum heißt es auch in Jesaja 43,18-19: *»Denkt nicht mehr daran, was war und grübelt nicht mehr über das Vergangene. Seht hin; ich mache etwas Neues; schon keimt es auf. Seht ihr es nicht? Ich bahne einen Weg durch die Wüste und lasse Flüsse in der Einöde entstehen.«*

> Hoffnung, die uns aufrechterhält,
> ist Hoffnung, die sich auf Gottes
> Wort und seine Verheißungen
> für unser Leben gründet.

Falls man deine Vergangenheit ohne Weiteres als »Wüste« oder »Einöde« bezeichnen könnte, darfst du Hoffnung schöpfen – Gott tut etwas Neues! Folge einfach seinem Plan statt deinen eigenen Gedanken oder Gefühlen (die sind unzuverlässig). Sieh über deine Umstände hinaus und konzentriere dich auf die Verheißungen, die Gott dir in seinem Wort dargelegt hat. Das wird dir die Hoffnung geben, die du brauchst, um dein Leben zu lieben.

Der Teufel will nicht, dass du dein Leben genießt oder liebst. Er wird alles ihm Mögliche tun, um dich zu entmutigen, und versuchen, dir den Gedanken einzuflüstern, dass nie etwas Gutes in deinem Leben geschehen wird. Er ist ein Lügner und die Wahrheit ist nicht in ihm, also hör nicht auf ihn. Jesus sagt:

»Ein Dieb will rauben, morden und zerstören. Ich aber bin gekommen, um ihnen das Leben in ganzer Fülle zu schenken.«

Johannes 10,10

71

Eine Vision über die Umstände hinaus

Wenn es darum geht, eine Vision für die Zukunft zu entwickeln, sind manche Menschen verwirrt. Sie fragen: »Was bedeutet das? Wie bekomme ich eine Vision? Ist das nur frommer Slang?« Ich möchte dir anhand eines Beispiels zeigen, was ich meine.

In 1. Mose 13 hatte Abraham eine große Entscheidung zu treffen. Er und sein Neffe Lot hatten zu viel Vieh für das zur Verfügung stehende Weideland. Es war einfach zu eng, und der Platzmangel verursachte Probleme. Also sagte Abraham zu Lot: »Lass uns getrennte Wege gehen. Wähle du, welches Land du haben willst. Du hast die erste Wahl.« Lot war egoistisch und wählte den besten Teil des Jordantals für sich.

An der Stelle kam Abrahams Entscheidung ins Spiel. Er hätte sich ärgern und eine schlechte Einstellung haben können. Er hätte sagen können: »Das ist unfair! Wie konntest du nur?!« Doch stattdessen vertraute Abraham darauf, dass Gott eine gute Zukunft für ihn hatte. Er vertraute auf Gottes Güte, weil er wusste, dass Gott alles im Griff hatte.

In den Versen 14 und 15 geschah dann Folgendes: *Nachdem Lot fortgezogen war, sprach der Herr zu Abram: »Schau dich nach allen Seiten um. Dieses ganze Land, das du siehst, werde ich dir und deinen Nachkommen für immer zum Besitz geben.«*

Das ist ein Beispiel für eine Vision! Anstatt auf die Umstände zu schauen (dass Lot das augenscheinlich beste Land genommen hatte), vertraute Abraham darauf, dass Gott für seine Zukunft nur das Beste geplant hatte. Und das zahlte sich aus. Gott zeigte ihm alle guten Dinge, die er für ihn vorbereitet hatte. Auf ähnliche Art und Weise hat Gott dir all das Gute gezeigt, das im Leben auf dich wartet. Genau dafür sind die Verheißungen in seinem Wort da. Wenn du über deine Umstände hinausblickst, Gott vertraust und dich auf seine Verheißungen verlässt, wird er dir den nötigen Blick geben um zu erkennen, dass er dich mehr segnen wird, als du dir vorstellen kannst. Gottes Verheißungen sind für jeden da, der bereit ist, sie zu glauben. Was wir glauben, ist unsere Entscheidung – warum also nicht etwas Gutes glauben?

Ich möchte dir Mut machen: Hör auf, über alles nachzudenken, was du verloren hast, was du deiner Meinung nach nicht bist, wie du in der Vergangenheit behandelt wurdest und was du aufgegeben hast. Richte dein Denken stattdessen auf Gottes Vision für deine Zukunft aus. Die Bibel sagt uns, wenn ein Dieb ertappt wird, muss er das Gestohlene in siebenfacher Höhe erstatten (siehe Sprüche 6,31). Wenn wir aufhören, Gott, anderen Menschen und unseren Umständen die Schuld an unserem unglücklichen Leben zu geben und sie stattdessen dem zuschreiben, der tatsächlich schuldig ist – nämlich der Teufel –, kann unsere Heilung beginnen.

Konzentriere dich auf Gottes Heilung für dein Leben und seinen großen Plan, dich voranzubringen. Wenn du das tust, wirst du feststellen, dass der Schmerz von gestern zu verblassen beginnt und neue Hoffnung für morgen immer heller erstrahlt. Im Nachdenken über die folgenden Verheißungen wird dein Glaube genährt und gestärkt werden:

Kommt zurück in die befestigte Stadt, ihr Gefangenen, denn noch besteht Hoffnung! Heute verheiße ich, dass ich euch doppelten Ersatz geben werde!

Sacharja 9,12

Und Gott gab Hiobs Schicksal eine neue Wendung, weil er Fürbitte für seine Freunde getan hatte, ja, er schenkte ihm doppelt so viel, wie er vorher besessen hatte!

Hiob 42,10

Der Herr wird euch den Sieg über eure Feinde schenken, wenn sie euch angreifen. Sie werden euch aus einer Richtung angreifen, aber in sieben Richtungen vor euch fliehen!

5. Mose 28,7

Statt doppelte Scham und Schande tragen zu müssen, werdet ihr über euer Teil jubeln, denn den doppelten Anteil eures Landes werdet ihr erben und euch wird ewige Freude zuteil.

Jesaja 61,7

Gegenmittel und lebensspendende Nährstoffe

Am Anfang dieses Kapitels haben wir über die Dinge gesprochen, die unser Leben vergiften können – hauptsächlich das Gift der Vergangenheit. Gottes Wort enthält die Antwort auf jedes Problem, dem wir jemals begegnen könnten. Es schenkt denen, die es glauben, Leben. Die Bibel steckt voller Gegenmittel gegen solche Gifte, zum Beispiel:

- Gott liebt dich bedingungslos – jetzt und auch in Zukunft.
- Alle deine Sünden sind vergeben, das musst du begreifen. Wenn du Gott um seine Vergebung bittest, erinnert er sich nicht mehr an dein Versagen!
- Lass dich auf die Führung des Heiligen Geistes ein und befolge seine Anweisungen. Bitte Gott einfach um seinen Frieden und seine Weisheit, und er wird dir die nötigen Schritte zeigen.
- Du bist nicht allein. Das darfst du wissen und dich darüber freuen. Gott ist bei dir, und er verspricht, dir nie von der Seite zu weichen.
- Vertraue darauf, dass Gott dein Schutz ist. Ganz gleich wer oder was sich dir entgegenstellt, Gott ist dein Verteidiger. Lass ihn deine Kämpfe ausfechten – er verliert nie!
- Nimm die biblische Hoffnung an, dass große Dinge für deine Zukunft auf dich warten!

Wenn du an diesen guten Dingen festhältst, die dein himmlischer Vater dir gibt, kann die Vergangenheit dich nicht mehr zurückhalten. Du wirst nie wieder als Opfer vergangener

Schmerzen oder Umstände leben. Stattdessen wirst du in dem Leben, das Gott für dich hat, aufblühen.

Kämpfe den guten Kampf des Glaubens und lass dir vom Feind nicht einen einzigen Tag deines Lebens mehr rauben, auslöschen oder zerstören. Die Vergangenheit ist vorbei, die Gegenwart ist hier, und Gottes Zukunft liegt vor dir. Er hält ein hoffnungsvolles, sinnvolles, kraftvolles, verheißungsvolles Leben für dich bereit. Das ist ein Leben, das du wirklich lieben kannst!

Nicht vergessen ...

- Mit Gottes Hilfe muss deine Vergangenheit nicht deine Zukunft bestimmen.
- Jesus ist der große Arzt. Er kann dich von jedem Schmerz oder Trauma der Vergangenheit heilen. Bitte ihn einfach um Heilung und vertraue darauf, dass er handeln wird.
- Wenn du herausfinden willst, wie du dein Leben lieben kannst, ist dafür eine neue geistige und geistliche Einstellung notwendig.
- Du bist ein geliebtes Kind Gottes, dem eine wunderbare Zukunft versprochen ist.
- Wenn du über deine Umstände hinausblickst, Gott vertraust und dich auf seine Verheißungen verlässt, wird er dich mehr segnen, als du dir vorstellen kannst.

Ein großes Buch beginnt mit einer Idee,
ein großes Leben mit einem Entschluss.
– Louis L'Amour

KAPITEL 6

Du bist gesegnet

Denke über deine gegenwärtigen Segnungen nach –
von denen jeder Mensch viele hat –, nicht über deine
vergangenen Missgeschicke, von denen alle
Menschen einige haben.

– Charles Dickens

Vor Kurzem hörte ich von einem Gespräch, das R. C. Chapman, ein renommierter Pastor und Evangelist, mit einem Freund führte. Dieses Gespräch berührte mich tief. Es heißt, dass Chapman eines Morgens gefragt wurde, wie es ihm ginge. Das ist eine einfache Frage, die uns allen schon Hunderte Male gestellt wurde – »Wie geht es dir heute?«
Chapmans Antwort ist mir in Erinnerung geblieben. Er sagte: »Ich fühle mich heute sehr belastet.« Sein Freund war ein wenig verwirrt, weil Chapman diese Worte mit einem breiten Lächeln sagte. Der Fragesteller erkundigte sich: »Sind Sie wirklich belastet, Mr Chapman?«
»Ja, aber es ist eine wunderbare Last. Es ist ein übergroßer Reichtum an Segnungen, und ich finde nicht genügend Zeit oder Worte, um meine Dankbarkeit dafür zum Ausdruck zu bringen. Als er sah, dass sein Freund immer noch verdutzt dreinschaute, erklärte Chapman weiter: »Ich meine Psalm 68,20. Dieser Vers beschreibt meinen Zustand perfekt. Darin erinnert uns der Vater im Himmel, dass er uns ›täglich mit Gutem belädt‹ (gemäß der King James Version).«
Mir gefällt sowohl die innere Haltung dieses Mannes als auch der Vers. In der Schlachter Übersetzung klingt Psalm

68,20 folgendermaßen: *Gepriesen sei der Herr! Tag für Tag trägt er unsere Last, Gott ist unser Heil!*

R. C. Chapman versuchte seinem Freund etwas zu sagen, das wir alle wohlweislich verstehen sollten: »Gott hat mich so sehr gesegnet, dass ich es kaum ertragen kann! Ich bin mit Segnungen völlig beladen!« Diese Haltung, dieser Blick aufs Leben ist ein wichtiger Schritt um zu lernen, das Leben zu lieben, das Gott uns gegeben hat.

Nun liest du vielleicht diese Worte von Herrn Chapman und denkst: *Ich fühle mich gar nicht so sehr gesegnet. Ich meine, ich erkenne wohl, dass es in meinem Leben einige Segnungen gibt, aber ich bin sicher nicht mit Segnungen überladen.* Deshalb habe ich dieses Kapitel geschrieben: Ich möchte dich daran erinnern, wie gesegnet du tatsächlich bist!

Weißt du, es ist leicht, das Gute zu übersehen, das Gott uns geschenkt hat. Oft sind wir sehr beschäftigt mit den Aufgaben und Herausforderungen unseres Alltags – derart beschäftigt, dass wir die zahllosen Segnungen übersehen, die wir genießen. Genau aus dem Grund führen so viele Menschen ein frustriertes, freudloses, enttäuschendes Leben. Sie haben einfach vergessen – oder vielleicht nie erkannt –, wie gesegnet sie in Wirklichkeit sind.

Vor einigen Jahren traf ich im Januar eine Entscheidung. Ich setzte mir das Ziel, an jedem Tag des Jahres für mindestens eine Segnung dankbar zu sein. Das ganze Jahr hindurch bemühte ich mich, diesen Vorsatz einzuhalten, so gut ich es konnte, und lernte dabei etwas Wertvolles: Klagen verändert nichts. Wenn ich auf ein Problem oder eine negative Situation schaute, wurde sie dadurch nicht besser – es passierte nichts weiter, als dass ich mich schlechter fühlte. Doch als ich mich entschied, nach Gutem Ausschau zu halten und mich darauf zu konzentrieren, begann ich, jeden einzelnen Tag auf eine noch nie dagewesene Art und Weise zu genießen.

Im Laufe der Jahre habe ich viele Listen geschrieben, um mich an Gottes Güte und seine Segnungen zu erinnern. Und bis heute kann ich sie mir anschauen und werde dadurch ermutigt. Auf diesen Listen stehen unter anderem Dinge wie:

- die Liebe meiner Familie und Freunde
- das Vorrecht, Gottes Wort lehren zu dürfen
- die Fähigkeit, auf andere zuzugehen und ihnen zu helfen
- Gottes tägliche Versorgung
- sauberes Wasser und gutes Essen.

Dies sind nur einige wenige Beispiele für Gottes Segnungen. Jedes Mal, wenn ich sie mir vor Augen halte, kehren bei mir wieder Zufriedenheit und Frieden ein. Indem ich mich darauf konzentriere, wie gesegnet ich bin, verbessert sich meine Einstellung zum Leben enorm – und dir wird es sicher auch so gehen.

Zurück zur Grundlage

In Jakobus 1,17 heißt es: *Alles, was gut und vollkommen ist, wird uns von oben geschenkt, von Gott, der alle Lichter des Himmels erschuf.* Ich erwähne diesen Vers, weil ich überzeugt davon bin, dass er ein grundlegendes geistliches Prinzip enthält, an das wir uns erinnern müssen. *Alles*, was wir an Gutem haben, wurde uns von Gott geschenkt, damit wir unser Leben genießen können.

Eines der ersten Dinge, die wir unseren Kindern beibringen, ist das Zählen. Es ist so niedlich, wie ihre kleinen Gesichter aufleuchten, wenn wir sie dafür loben, dass sie sich daran erinnert haben, dass vier nach drei kommt und zehn die Anzahl der Finger ist, die sie haben. Wir rufen glücklich aus: »Du kannst aber schon gut zählen!«

Ich weiß noch, wie meine Kinder (und heute meine Enkel) aus Kindergarten und Vorschule nach Hause kamen und stolz erzählten, wie weit sie schon zählen konnten. »Mami, ich kann bis 50 zählen! Oma, hör mir mal zu, ich kann schon bis 100 zählen!« Das war eines der ersten Dinge, die sie lernten. Sie waren so glücklich und begierig, ihre neue Fähigkeit vorzuführen.

Bestimmt kommt dir das bekannt vor. Sicher hast du auch schon einmal deinen Sohn oder deine Tochter, eine Nichte oder einen Neffen beobachtet, wie sie stolz ihre Finger abzählten oder dir selbstbewusst ihre Grundrechenarten vorführten. Zählen ist ein »Übergangsritus«. Es ist die Grundlage für jedes mathematische Problem, das wir je lösen werden.

So wie das Zählen eine grundlegende Fähigkeit für unsere Kinder ist, ist meines Erachtens die Fähigkeit, unsere Segnungen zu erkennen, von grundlegender Bedeutung für jeden Christen. Wenn wir lernen, uns auf das Gute zu konzentrieren, das Gott für uns getan hat, statt auf die Schwierigkeiten oder Ablenkungen, die uns vielleicht begegnen, gibt es absolut nichts, was uns die Freude rauben kann! Obwohl die meisten von uns wissen, dass wir das tun sollten, vergessen wir es oft und müssen daran erinnert werden.

Die Fähigkeit, unsere Segnungen
zu erkennen, ist von grundlegender
Bedeutung für jeden Christen.

Wenn ich darüber nachdenke, wie ich früher gelebt habe, ist es kein Wunder, dass ich ständig aufgebracht, entmutigt und frustriert war. Ich war nämlich ein Mensch, der sich auf die negativen Ereignisse und Geschehnisse des Tages konzentrierte. Ich kann dir gar nicht sagen, wie viele meiner Tage ruiniert wurden, weil jemand etwas Bestimmtes sagte oder die Dinge nicht so liefen, wie ich es geplant hatte.

Das lag nicht daran, dass ich ein schlechter Mensch war. Genau genommen versuchte ich, der beste Mensch zu sein, der ich sein konnte. Ich liebte Gott und beschäftigte mich leidenschaftlich gern mit der Bibel. Allerdings verstand ich noch nicht, dass es von Vorteil war, sich darauf zu besinnen, wie gesegnet man ist. Statt das Gute in meinem Leben zu sehen, achtete ich nur auf das Negative. Statt meine Segnungen zu zählen, tat ich genau das Gegenteil – ich zählte meine Enttäuschungen. Das sah ungefähr so aus:

Was ist heute schiefgelaufen? Mmh, schauen wir mal …
1. *Dave ist zum Golfen gegangen, statt Zeit mit mir zu verbringen.*
2. *Eine Freundin hat unsere Verabredung zum Kaffeetrinken abgesagt.*
3. *Im Supermarkt gab es nicht das, was ich brauchte.*
4. *Die Kinder bringen mich wirklich auf die Palme.*

Siehst du, was ich meine? Kein Wunder, dass ich unglücklich war. Ich steckte meine Energie in das Zählen der falschen Dinge!

Hast du dich schon einmal dabei ertappt, dass deine Gedanken sich nur um das drehen, was an einem Tag falsch gelaufen ist, statt um das, was gut gelaufen ist? Oder hast du deinem Ehepartner oder einem Freund abends schon einmal alles Schlechte erzählt, das dir an dem Tag widerfahren ist, statt alles Gute? Wenn ja, dann sei nicht allzu deprimiert. Ich denke, wir alle sind schon in diese Falle getappt. Schlechte Nachrichten sind wie Negativschlagzeilen – sie ziehen die ganze Aufmerksamkeit auf sich.

Doch statt dich auf die negativen Ereignisse deines Tages zu konzentrieren, möchte ich dich ermutigen, zu den geistlichen Grundlagen zurückzukehren und einen »Auffrischungskurs« im Wahrnehmen deiner Segnungen zu absolvieren. Einige Möglichkeiten dazu sind:

- *Erinnere* dich daran, dass die Bibel dich auffordert, Gottes Segnungen nicht zu vergessen.
  Lobe den Herrn, meine Seele, und vergiss all das Gute nicht, das er für dich tut. (Psalm 103,2)

- *Erkenne*, dass Gott dich mit jedem »geistlichen Segen« gesegnet hat.
  Wir loben Gott, den Vater von Jesus Christus, unserem Herrn, der uns durch Christus mit dem geistlichen Segen in der himmlischen Welt reich beschenkt hat. (Epheser 1,3)
- *Erfreue* dich daran, dass Gott, selbst wenn du einen schlechten Tag hast, bei dir ist und dich hindurchträgt.
  Gepriesen sei der Herr! Tag für Tag trägt er unsere Last, Gott ist unser Heil! (Psalm 68,20; Schlachter)

Erinnern, erkennen, erfreuen – so schwer ist das gar nicht, wenn man mal darüber nachdenkt. Und solltest du dazu neigen, nur auf das Negative im Leben zu schauen, könntest du dir ein Schild basteln, auf dem steht: »Erinnern – erkennen – erfreuen!« Häng es irgendwo auf, wo du es oft siehst.

Tu alles, was nötig ist, um dir deine Segnungen vor Augen zu halten.

Auch Kleinigkeiten zählen

Wenn es darum geht, unser Leben zu lieben, konzentrieren wir uns sehr oft auf die großen Dinge. Wir denken: *Ich wäre sehr viel glücklicher in einem anderen Beruf*, oder: *Wenn ich nur einen Ehepartner finden würde, wäre mein Leben so richtig schön*, oder: *Wenn ich mehr Geld habe und meine Investitionen mehr abwerfen, kann ich anfangen, mich zu entspannen und mein Leben zu genießen.* Aber es sind nicht die großen Dinge, die uns oft die Freude rauben, sondern die kleinen.

Überleg mal: Es sind die kleineren, unerwarteten Dinge im Laufe eines Tages, die dazu führen, dass wir uns die Haare raufen. Ein verschütteter Kaffee im Auto, eine langsame Schlange an der Kasse, eine kleine Meinungsverschiedenheit mit einem Kollegen, eine E-Mail, die nicht zugestellt wurde, ein Stau auf dem Weg zur Arbeit, ein Windstoß, der die Haare durcheinanderbringt – das sind die Kleinigkeiten, die dazu führen können, dass sich der Tag in eine falsche Richtung entwickelt.

Aber genauso, wie kleine negative Erlebnisse dir den Tag ruinieren können, können kleine Segnungen im Leben deinen Tag wunderbar machen – es hängt nur davon ab, worauf du deinen Blick richtest. Wenn du dich also darauf besinnst, wie gesegnet du bist, dann sei nicht passiv und warte nicht darauf, dass sich die großen Segnungen einstellen, sondern fang bei den kleinen Segnungen an. Ein schöner Sonnenaufgang, dass du gesund aufgewacht bist, die Freude im Lachen eines Kindes, ein leckeres Abendessen, ein Kompliment von einer Freundin, eine köstliche Tasse Kaffee – diese Segnungen summieren sich rasch. Es sind nicht nur die großen Dinge im Leben, die uns Freude machen; die kleinen Segnungen erinnern uns daran, dass wir viel haben, was wir an unserem Leben lieben können.

> Die kleinen Segnungen im Leben
> können deinen Tag wunderbar
> machen.

Henry David Thoreau sagte einmal: »Ein Spaziergang am frühen Morgen ist ein Segen für den ganzen Tag.«[6]

Und Mark Twain erinnerte uns: »Humor ist der größte Segen der Menschheit.«[7]

Diese Zitate drehen sich nicht um eine boomende Konjunktur oder einen außergewöhnlichen Urlaub. Sie erinnern daran, dass Frieden und Freude in den gewöhnlichen, gar nicht teuren, leicht übersehbaren Dingen zu finden sind, wie in einem Spaziergang oder einem Lachen. Das ist ein wunderbarer Gedanke: Zufriedenheit ist oft in den kleinen Dingen zu finden.

Ich habe in meinem eigenen Leben festgestellt, dass das wahr ist. Über die Jahre habe ich gelernt, das Tempo zu verringern und mich selbst an den kleinsten Segnungen eines Tages zu freuen. Ein freundliches Wort von Dave, ein guter Film, ein Kompliment von einer Freundin – diese »kleinen« Dinge sind in Wirklichkeit eine große Sache. Es sind die Dinge, die mich daran erinnern, wie gesegnet ich tatsächlich bin.

Wie sieht es bei dir aus? Welche alltäglichen Segnungen hast du vielleicht übersehen? Hast du Freunde oder Verwandte, mit denen du ein Essen genießen kannst? Ist das Wetter dort, wo du lebst, heute schön? Hast du ein Bett, in dem du schlafen kannst, und sauberes Wasser zu trinken? (Sehr viele Menschen auf der Welt haben nichts davon.) Hast du eine Arbeit, durch die du deinen Lebensunterhalt bestreiten kannst? Fühlst du dich heute körperlich gut? Ich stelle dir diese Fragen, um dich daran zu erinnern, dass die kleinen Dinge wichtig sind! Übersieh sie nicht und betrachte sie nicht als selbstverständlich. Diese einfachen Segnungen sind notwendig, damit du dein Leben wirklich lieben kannst.

Gesegnet, um ein Segen zu sein

Der Marquis de Lafayette – ein französischer Politiker und General – war in der Amerikanischen Revolution ein Verbündeter von George Washington. Er war maßgeblich daran beteiligt, dass die Kolonien ihre Unabhängigkeit gewinnen konnten. Es heißt, dass er nach Ende des Krieges nach Frankreich zurückkehrte und sein Leben als Gutsbesitzer wiederaufnahm. Er hatte viele Ländereien und es gab viel Arbeit.

Im Jahr 1783 war die Ernte in der umliegenden Region nicht sehr ertragreich. Fast alle von Lafayettes Nachbarn litten infolge der schlechten Ernte. Lafayettes Höfe waren die Ausnahme – er hatte ein recht gutes Jahr. Er konnte seine Scheunen mit Weizen füllen, während die Bauern in seiner Umgebung dies nicht konnten.

Einer seiner Arbeiter fand, es sei eine gute Zeit, um diese Gelegenheit auszunutzen. Er sah, wie viel Ertrag sie eingebracht hatten, und schlug Lafayette vor: »Jetzt ist die richtige Zeit, um zu verkaufen. Die schlechte Ernte hat den Weizenpreis in die

Höhe getrieben. Wir können einen riesigen Gewinn machen!«
Doch nachdem der ehemalige General über die Situation und
die hungrigen Bauern auf dem Land nachgedacht hatte, lehnte
er den Vorschlag ab, daraus Profit zu schlagen. Er entschied
sich, seinen Gewinn nicht auf Kosten anderer zu maximieren,
und erwiderte ganz einfach: »Nein. Es ist die richtige Zeit, um
zu geben.«[8]

Mir gefällt diese Geschichte, weil sie eine sehr biblische Haltung widerspiegelt: Gott segnet uns, damit wir ein Segen für
andere sein können. Der Marquis de Lafayette hätte seine gesamte Ernte für sich behalten, sein Bankkonto auffüllen und
sich auf seine eigenen Interessen konzentrieren können. Stattdessen entschied er sich, anderen zu helfen. Wir können eine
wertvolle Lektion von ihm lernen: Wir sollen uns nicht deshalb
an alle unsere Segnungen erinnern, um den Nutzen für uns
selbst zu horten, sondern um diese Segnungen mit anderen zu
teilen.

> Wir sollen uns nicht deshalb an
> alle unsere Segnungen erinnern,
> um den Nutzen für uns selbst zu
> horten.

Psalm 21,7 drückt es folgendermaßen aus:

> *Du machst ihn für alle Zeiten zum Segen für andere und erfüllst
> ihn durch deine Gegenwart mit Freude.*

Und Philipper 2,4 fordert uns auf:

> *Denkt nicht nur an eure eigenen Angelegenheiten, sondern in-
> teressiert euch auch für die anderen und für das, was sie tun.*

Es ist ein doppelter Segen: Gott segnet dich, und dann gibt er
dir die Gelegenheit, ein Segen für andere zu sein. Das ist einer

der besten Wege, um dein Leben zu lieben! Henri Nouwen sagte bekanntermaßen: »Einem anderen Segen zuteilwerden zu lassen ist die bedeutendste Bestätigung, die wir anbieten können.«[9] Wenn du lernst, selbstlos zu sein und deine vielen Segnungen mit den Menschen um dich herum zu teilen, kannst du gar nicht anders als ein fröhliches Herz zu haben. Großzügigkeit ist der Schlüssel zum Glück!

Zum Abschluss dieses Kapitels möchte ich dich ermutigen, heute zwei Dinge zu tun:

1. Besinne dich auf die Segnungen in deinem Leben. Vergiss nicht, dass dies nicht nur die großen Dinge sind (obwohl sie wichtig sind). Zähle auch die kleinen Dinge mit.
2. Überlege, wie du diese Segnungen mit anderen teilen kannst. Kennst du eine alleinerziehende Mutter, die Unterstützung gebrauchen könnte? Kennst du jemanden, der dringend Ermutigung braucht? Gibt es Nöte in deinem Umfeld, denen zu begegnen könntest? Ganz gleich was du an Hilfe leisten kannst: Ergreife die Gelegenheit und sei ein Segen.

Gott liebt dich so sehr, dass er seine Güte, seinen Frieden, seine Freude und seine Segnungen großzügig auf dein Leben ausgießt. Das darfst du nie vergessen. Du bist beladen mit Segnungen des Himmels. Halte in diesem Wissen Ausschau nach Möglichkeiten, wiederum andere zu segnen. Es gibt keinen besseren Moment, um damit anzufangen, als jetzt. Heute ist eine perfekte Gelegenheit, jemand anderem zu helfen. Sieh es doch so: *Es ist Zeit zu geben!*

Nicht vergessen ...

- Eine wunderbare innere Einstellung ist: *Gott hat mich so sehr gesegnet, dass ich es kaum aushalten kann! Ich bin mit Segnungen beladen!*

- Viele Menschen führen ein freudloses, frustriertes Leben, weil sie einfach vergessen oder vielleicht nie erkannt haben, wie gesegnet sie eigentlich sind.
- Wenn wir lernen, den Blick auf das Gute zu richten, das Gott für uns getan hat, statt auf die Schwierigkeiten oder Ablenkungen, mit denen wir konfrontiert sind, gibt es absolut nichts, was uns die Freude rauben kann!
- Wenn du dich darauf besinnst, wie gesegnet du bist, dann sei nicht passiv und warte nicht darauf, dass sich die großen Segnungen einstellen, sondern fang bei den kleinen Segnungen an.
- Gott segnet dich, und dann gibt er dir die Gelegenheit, andere zu segnen. Das ist einer der besten Wege, um dein Leben zu lieben!

Niemand ist je vom Geben arm geworden.
– Anne Frank

Teil 2

Liebe dich selbst, und du wirst dein Leben lieben

Denn wir sind Gottes Schöpfung. Er hat uns in Christus Jesus neu geschaffen, damit wir die guten Taten ausführen, die er für unser Leben vorbereitet hat.

Epheser 2,10

KAPITEL 7

Mach mal halblang

Es ist nie zu spät, das zu werden, was man hättest sein können.

— George Eliot

Stell dir einmal vor, dass du ehrenamtlich an einer Grundschule in deinem Ort arbeitest. Du hast neuerdings etwas mehr freie Zeit zur Verfügung und willst dich als Leiter einer Lesegruppe melden und bei den Bastelarbeiten in der Vorschulklasse helfen. Nach ungefähr einem Monat kannst du die Namen aller Kinder auswendig, hast ihre niedlichen individuellen Persönlichkeiten entdeckt und liebst es, mit diesen Denkern der Zukunft zu arbeiten. Doch einer von ihnen macht dir Sorgen ... der kleine Tim.

Tim ist ein begeisterter Schüler. Er kommt gut mit seinen Klassenkameraden aus, und er begrüßt dich jeden Tag mit einer stürmischen Umarmung. Tim liebt die Schule, und es macht dir Spaß, ihm beim Lernen zu helfen. Doch Tim ist so ehrgeizig, dass er schnell über sich selbst frustriert ist.

An manchen Tagen hörst du, wie Tim murmelt: »Wenn ich doch nur so schlau wäre wie mein Bruder.« An anderen Tagen siehst du, wie er in der Pause schreiben übt, während seine Klassenkameraden auf dem Schulhof spielen. Und manchmal fängt Tim im Unterricht an zu weinen, wenn er beim Ausmalen über den Rand kommt oder seine Bastelarbeit nicht gelingt.

Du sagst ihm: »Kein Problem, Tim. Mach dir keine Sorgen, das ist überhaupt nicht schlimm. Wir können es in Ordnung bringen.« Doch Tim nimmt deine Ermutigung nur selten an. Es ist ihm so wichtig, seine Sache gut zu machen, seine Eltern zufriedenzustellen und seine Lehrer zu beeindrucken, dass er sich jeden Fehler zu Herzen nimmt. Tim ist solch ein Perfektionist, dass er an den meisten Tagen unglücklich ist. Du fragst dich, wie ein Kind sich selbst dermaßen unter Druck setzen kann. Es bricht dir das Herz zu sehen, wie er sich abmüht.

Ich male dir diese Situation vor Augen, weil ich glaube, dass es Gott das Herz bricht, wenn er sieht, wie du dich abmühst. Du bist ein Kind Gottes. Er will nicht, dass du dich derart unter Druck setzt. Wenn du einen Fehler machst, die Beherrschung verlierst, einen Termin vergisst – ganz gleich worum es sich handelt – ist das für Gott so, als würdest du »über den Rand hinaus malen«. Du quälst dich deswegen, aber Gott sagt: »Kein Problem. Das ist überhaupt nicht schlimm. Das können wir in Ordnung bringen.« Gott weiß, dass du nicht perfekt bist, und er liebt und akzeptiert dich in deiner Unvollkommenheit. Ist es nicht an der Zeit, dass du das Gleiche tust?

Gott will nicht, dass du dich derart
unter Druck setzt.

Ich glaube, einer der besten Wege, wie du dein Leben lieben kannst, ist, ein bisschen nachsichtiger mit dir zu sein. Ärgere dich nicht über dich selbst, wenn du gelegentlich »über den Rand hinaus malst«. Natürlich wollen wir alle in unserem geistlichen und persönlichen Leben unser Bestes geben. Ja, wir bemühen uns darum, dem Wort Gottes zu gehorchen, und wir wollen immer mehr lernen und täglich im Glauben wachsen. Doch nichts davon gelingt uns je perfekt. Wir alle werden auf unserer Lebensreise Fehler machen und manchmal stolpern. Statt uns massiv unter Druck zu setzen, ein perfektes Leben zu führen – und uns dann zu schämen und uns verurteilt zu fühlen, wenn wir es nicht schaffen –, wäre es klüger, darauf zu vertrauen, dass Gott jedem von uns hilft, der Mensch zu werden, den er aus uns machen will.

In Philipper 1,6 heißt es:

Ich bin ganz sicher, dass Gott, der sein gutes Werk in euch angefangen hat, damit weitermachen und es vollenden wird bis zu dem Tag, an dem Christus Jesus wiederkommt.

Ich liebe diese biblische Verheißung, weil sie den Druck wegnimmt. Obwohl wir in allen Bereichen unseres Lebens unser Bestes geben sollten, ist Gott derjenige, der »sein gutes Werk« in uns angefangen hat, und er ist derjenige, der »es vollenden wird bis zu dem Tag, an dem Christus Jesus wiederkommt«. Deshalb möchte ich dich ermutigen, dich zu entspannen. Was all den Druck, all das Streben nach Perfektion, all die selbstauferlegten Erwartungen angeht – leg mal eine Pause ein und lass dir von Gott helfen.

Hier sind vier praktische Tipps, wie du gleich heute damit anfangen kannst:

1. Vergib dir selbst, wenn du Fehler machst

Wenn ich Gottes Wort lehre, verwende ich oft Beispiele aus meinem eigenen Leben. Ich spreche über Situationen, in denen ich Fehler gemacht habe und was Gott mir dadurch beigebracht hat. Manchmal können Dave und meine Kinder kaum glauben, was für Geschichten ich da in aller Öffentlichkeit erzähle. Ich erwähne die Situation, in der ich mir mit einem Mann ein Wettrennen um den letzten Tisch in einem Restaurant geliefert habe (und später feststellen musste, dass er behindert war), oder von einer Situation sehr früh in meinem Leben, in der ich etwas von meinem Arbeitsplatz gestohlen habe (Jahre später forderte Gott mich auf, dafür Wiedergutmachung zu leisten). Dies sind nur einige wenige der peinlichen aber wahren Geschichten, die ich erzähle.

Ich tue das, weil ich es für wichtig halte, dass wir erkennen, dass wir *alle* hin und wieder weit am Ziel der Perfektion vorbeischießen. Jesus war der Einzige, der ein vollkommenes Leben geführt hat. Du wirst Fehler machen und ich habe definitiv meinen Anteil an Fehlern gemacht – doch Gott hat einen Weg geschaffen, wie wir darüber hinwegkommen können. Wir können ihn um Vergebung bitten, und wir können uns auch selbst vergeben. Wir können die Sache fallenlassen, hinter uns lassen und loslassen! Verabschiede dich davon und geh dann schnell zu dem über, was dir in Zukunft gelingen wird.

Der Teufel möchte, dass wir uns verurteilt fühlen, da uns das die Freude raubt. Wenn wir sündigen, überführt und korrigiert Gott uns, doch das ist etwas ganz anderes als verurteilen. Durch Gottes Korrektur werden wir auf unsere Fehler hingewiesen, damit wir umkehren und aus ihnen lernen können. Verurteilung soll hingegen einfach nur Schuld- und Schamgefühle verursachen. Verurteilung ist wie eine dunkle Wolke, die über unserem Kopf hängt, uns in eine düstere Stimmung versetzt und uns ein schlechtes Gefühl vermittelt.

Römer 8,1 sagt uns:

Also gibt es jetzt für die, die zu Christus Jesus gehören, keine Verurteilung mehr.

Ist es nicht wunderbar, das zu wissen? Wenn du in irgendeinem Bereich deines Lebens versagst, verurteilt Gott dich nie. Du bist in Christus Jesus und du stehst gerechtfertigt vor Gott, weil Jesus bereits für deine Sünden bezahlt hat. Gott hat dir vergeben, und wenn du dein Leben lieben willst, ist es wichtig, dass du seine Vergebung annimmst und damit auch dir selbst vergibst.

Nimm dir jetzt einen Augenblick Zeit und denk einmal über Vorfälle oder Verhaltensweisen nach, derentwegen du dir immer noch Vorwürfe machst. Vielleicht ist es etwas Altes, vielleicht ist es etwas Neues, vielleicht ist es etwas Großes, vielleicht ist es etwas Kleines.

Aller Wahrscheinlichkeit nach sind es sowohl große als auch kleine Dinge, die dein Herz belasten. Nun möchte ich dich ermutigen, diese Dinge loszulassen. Bitte Gott, dir zu vergeben (wenn du das nicht bereits getan hast), und dann bitte ihn, dir zu helfen, dass du dir selbst vergeben kannst. Das Leben wird viel besser, wenn du es tust!

> Du stehst gerechtfertigt vor Gott,
> weil Jesus bereits
> für deine Sünden bezahlt hat.

2. Schau in den Spiegel und sag etwas richtig Nettes über dich

Ich weiß, das mag albern klingen, aber es ist wichtig, wenn du ein Leben führen willst, das du liebst. Der Grund ist: Wir *sind* das, was Gott über uns sagt, aber wir *leben* so, wie wir selbst über uns urteilen. Wenn du denkst und sagst, dass du ein Versager, eine Enttäuschung oder ein Opfer bist, wirst du anfangen, diese Merkmale auch aufzuweisen.

Jesus stellte den Jüngern in Matthäus 16 zwei Fragen. Erst fragte er: »Für wen halten die Leute mich?« Nachdem die Jünger Jesus von all den Spekulationen erzählt hatten, die die Menschen über seine Person anstellten, fragte Jesus sie: »Und für wen haltet *ihr* mich?« Vielleicht erinnerst du dich, dass Petrus an dieser Stelle verkündete: »*Du bist der Christus, der Sohn des lebendigen Gottes*« (Matthäus 16,16).

Ich glaube, heute stellt Jesus uns noch eine dritte Frage: *Jetzt, da ihr wisst, wer ich bin, für wen haltet ihr euch selbst?*

Das ist eine wichtige Frage, denn die Bibel lehrt uns, dass unsere Identität in Jesus Christus liegt. Römer 8,17 sagt, dass wir Miterben von Jesus sind, und in Philipper 3,9 (Elberfelder) heißt es, dass wir »in ihm gefunden« werden. Was du über dich selbst sagst, ist von Bedeutung! Du bist durch Jesus Christus vollständig, schön, heil und angenommen. Ich sage gern, wir werden täglich zu dem, was wir in Christus bereits sind!

Du bist durch Jesus Christus
vollständig, schön, heil und
angenommen.

Robert Frost schrieb: »In drei Worten kann ich alles zusammenfassen, was ich über das Leben gelernt habe: Es geht weiter.«[10] Ich habe eine hilfreiche Übung für dich: Fass einmal in drei (oder vier) Worten zusammen, was du *über dich selbst* gelernt hast, seit du Jesus als deinen Retter angenommen hast. Wenn du nicht weiterkommst, sind hier ein paar Vorschläge:

- Ich bin geliebt.
- Die Sünde ist entmachtet.
- Gott hat mich erschaffen.
- Mir ist vergeben.
- Ich bin erlöst.
- Das Leben hat Sinn.
- Ich bin wertvoll.
- Ich bin einzigartig.
- Ich bin wertgeschätzt.

Dies sind nur einige Beispiele für Dinge, die du jeden Tag über dich selbst sagen kannst. Bleib aber nicht bei nur drei Worten stehen – das soll bloß ein Anfang sein. Sage jeden Tag beim Aufwachen etwas richtig Nettes über dich, ganz gleich wie viele Worte dafür nötig sind. Das ist keine Inspirations-Übung oder Selbsthilfetechnik. Es geht vielmehr darum, die Dinge auszusprechen, die Gott bereits in seinem Wort über dich gesagt hat. Wenn du anfängst, ihm im Hinblick darauf zuzustimmen, wer du bist und welche Zukunft er für dich hat, kannst du gar nicht mehr anders als dein Leben zu lieben. Das Entscheidende ist die Perspektive, also nimm Gottes Perspektive für dein Leben ein und bleib dabei.

Sehr wahrscheinlich wirst du dir erst einmal komisch vorkommen, wenn du anfängst, nette Dinge über dich zu sagen.

Vielleicht hast du sogar die falsche Vorstellung, dass es verkehrt oder hochmütig ist, das zu tun, doch das stimmt nicht. Du prahlst nicht, sondern erinnerst dich einfach daran, wer du in Christus bist. Du erkennst an, dass du sein Geschöpf bist und er einen Plan für dein Leben hat.

3. Distanziere dich von negativen Menschen und Dingen

Wenn du den ganzen Tag in der Sonne sitzt, bekommst du einen Sonnenbrand. Wenn du den ganzen Nachmittag in einem Raucherzimmer sitzt, wirst du nach Rauch riechen. Wenn du bei einem Rockkonzert vor einem Subwoofer stehst, wirst du dir höchstwahrscheinlich einen Gehörschaden zuziehen. Es ist einfach unausweichlich: Die Dinge, denen du dich aussetzt, werden dich stark beeinflussen.

Wenn du dir eine echte Entlastung gönnen willst, musst du dich von Menschen oder Dingen distanzieren, die dich entmutigen und die dir den Blick aufs Leben trüben, da sie dich sonst beeinträchtigen *werden*. Es gibt einfach Menschen, die wir aus einiger Entfernung lieben müssen. Solltest du Verwandte, Freunde oder Kollegen haben, deren permanente negative Haltung dir Freude und Frieden aussaugen, musst du wahrscheinlich etwas Abstand zwischen dir und ihnen schaffen. Das heißt nicht, dass du sie nicht liebst – es heißt einfach, dass du eine Pause brauchst.

Dave hatte früher eine Arbeitsstelle, bei der seine Kollegen sehr negativ eingestellt waren. Beim Mittagessen wollte er weder das Getratsche hören noch wie sie sich über ihre Arbeit beklagten. Also verbrachte er seine Pause damit, sich Predigten oder Anbetungsmusik anzuhören oder einfach spazieren zu gehen und zu beten. Den Arbeitstag über war er freundlich zu seinen Kollegen und hielt nach Möglichkeiten Ausschau, ihnen von seinem Glauben zu erzählen, doch in der Pause brauchte er eine Pause!

Hab keine Angst, dir ebenfalls eine Pause zu gönnen. Distanziere dich bei jeder Gelegenheit, die sich ergibt, von schädlichen Einflüssen oder negativem Gerede. Das ist nicht unhöflich und auch keine »Frömmelei«, sondern einfach nur klug. Wenn du dich von negativem, bitterem Reden distanzierst und dich mit biblischen, glaubensstärkenden Einflüssen umgibst, wird dein Leben viel positiver werden.

Vielleicht denkst du jetzt: *Joyce, was ist, wenn ich mit einem sehr pessimistischen Menschen verheiratet bin?* Um es deutlich zu sagen: Ich werde dir nicht vorschlagen, dich deshalb scheiden zu lassen oder dich aus deiner Ehe zu verabschieden, doch du musst dennoch so oft wie möglich Pausen einlegen.

4. Mach tatsächlich eine Pause!

Dieses Kapitel ist mit »Mach mal halblang« überschrieben, und ein wichtiger Aspekt dabei ist, dass du dir gestattest, tatsächlich eine *Pause zu machen.*

Jeder verdient hin und wieder eine Pause. Wir verdienen sie nicht nur – wir brauchen sie. *In der Schule machen Kinder Lernpausen, damit sie spielen können. Musiker haben bei einer Aufführung Pausen, damit sie sich ausruhen können. Arbeiter bekommen eine Mittagspause und legen auch zwischendurch oft kleinere Pausen ein, um sich zu erfrischen. Autoren legen Schreibpausen ein, um neue Ideen zu bekommen.* Pausen sind unglaublich wichtig. Sie sind gesunde Ruhezeiten für jede Phase und jeden Aspekt des Lebens.

Jeder braucht hin und wieder eine
Pause.

Wenn das wahr ist, warum rennen wir dann von Verpflichtung zu Verpflichtung, von Aufgabe zu Aufgabe, ohne innezuhalten und uns eine Pause zu gönnen? Viele Menschen verzweifeln nur deshalb an ihrem Leben, weil sie schlicht und einfach erschöpft sind – sie haben ihre »Batterien« seit Tagen, Wochen, Monaten oder sogar Jahren nicht mehr aufgeladen. Ich muss gestehen, dass ich arbeitsfreie Zeiten zwischen Terminen und Verpflichtungen nicht besonders mag. Aus dem Grund neige ich dazu, die Dinge zu dicht beieinander zu planen. Das führt oft zu Druck in meinem Leben. Ich versuche nun, mich mit kurzen Pausen zwischen Terminen anzufreunden. (Du kannst gern für mich beten!)

Wie du vielleicht weißt, muss der Motor eines Autos ständig gekühlt werden, wenn er in Betrieb ist, da die Verbrennung des Kraftstoffs Wärme erzeugt. Ist der Motor allerdings aus irgendeinem Grund dauerhaft zu heiß, droht eine Überhitzung. Das kann zu einem kostspieligen Motorschaden führen.

So ist es auch mit deinem eigenen Leben. Wenn du nie innehältst um auszuruhen, wirst du »überhitzen« und Schaden nehmen! Das ist nicht das Leben, das Jesus dir durch sein Kommen ermöglichen wollte. Er möchte, dass du ein Leben voller Frieden, Freude, Zufriedenheit und Ruhe führst. Erinnere dich daran, wie Jesus in Johannes 10,10 sagt: »*Ich ... bin gekommen, um ihnen das Leben in ganzer Fülle zu schenken.*« Jesus will, dass du dein Leben liebst!

Du bekommst keine geistlichen Zusatzpunkte von Gott, wenn du bis zur Erschöpfung arbeitest. Ob es sich um die Erziehung deiner Kinder, deinen Beruf, dein Studium oder den Aufbau einer christlichen Organisation handelt – wenn du dabei ausbrennst, wird dein Leben weitaus weniger sein, als es von Gott beabsichtigt war.

> Du bekommst keine geistlichen Zusatzpunkte von Gott, wenn du bis zur Erschöpfung arbeitest.

Überleg mal: Auch Gott hat sich ausgeruht. In 1. Mose 2,2 heißt es: *Am siebten Tag vollendete Gott sein Werk und ruhte von seiner*

Arbeit aus. Was für ein wunderbares Vorbild! Gott *braucht* keine Ruhe, aber er hat ausgeruht, um uns zu zeigen, wie wir leben sollen. Wenn Gott sich ausgeruht hat, sollten wir es auch tun.

Deshalb halte nach Möglichkeiten Ausschau, Pausen in deinen Alltag einzubauen. Vielleicht kannst du deine elektronischen Geräte ausschalten und eine Tasse Kaffee trinken. Vielleicht kannst du ein schönes Abendessen mit Freunden genießen. Vielleicht musst du einfach dein Arbeitspensum anpassen, sodass darin Raum für Pausen vorhanden ist. Vielleicht musst du auch einmal einen ganzen Tag freinehmen! Ganz gleich was es ist: Bitte Gott darum, dass er dir hilft, Wege zu finden, wie du dich entspannen, erholen und fröhliche Ruhe finden kannst.

Am Anfang dieses Kapitels haben wir über den kleinen Tim gesprochen. Bitte denk noch einmal an ihn zurück. Du wirst dich erinnern: Er war Perfektionist, fühlte sich schlecht, wenn er einen Fehler machte, und war insgesamt unglücklich, weil er sich so viel inneren Druck auferlegte. Wenn du dem kleinen Tim im wahren Leben begegnen würdest, würdest du sicher das Beste für ihn wollen. Du würdest ihn daran erinnern, dass niemand perfekt ist, und du würdest ihn ermutigen, sich zu entspannen und alles Schöne zu genießen, was sein Schultag für ihn bereithält.

Wie wär's, wenn du dir den gleichen Rat gibst wie dem kleinen Tim?

Wenn du heute einen Fehler machst oder Erwartungsdruck verspürst, hoffe ich, dass du dich an Folgendes erinnerst: Um dein Leben lieben zu können, ist es wichtig, dass du auch mal »halblang« machst. Du wirst es nicht schaffen, nie über den Rand hinaus zu malen, und vielleicht kleckst du auch mal zu viel Klebstoff auf deine Bastelarbeit. Aber das ist in Ordnung. Gott ist bei dir, und er hilft dir, deine Fehler zu korrigieren und jeden Aspekt deines Tages mit ihm zu genießen. Darum ist das Leben so großartig, wenn Gott auf deiner Seite ist – er hat ein gutes Werk in dir angefangen und er verspricht, es zur Vollendung zu führen.

Nicht vergessen ...

- Anstatt uns unter Druck zu setzen, perfekt zu leben – und uns dann zu schämen und verurteilt zu fühlen, wenn wir es nicht schaffen –, wäre es klug, unsere Bemühungen Gott hinzulegen und ihn das tun zu lassen, womit wir uns die ganze Zeit (vergeblich) abgemüht haben.
- Wenn wir sündigen, hat Gott einen Weg geschaffen, wie wir darüber hinwegkommen können: Wir können ihn um Vergebung bitten, und wir können uns auch selbst vergeben.
- Gott hat dir vergeben, und wenn du dein Leben lieben willst, ist es wichtig, dass du dir selbst vergibst.
- Die Bibel lehrt uns, dass unsere Identität in Jesus verwurzelt sein sollte. Durch ihn sind wir eine neue Schöpfung!
- Distanziere dich bei jeder möglichen Gelegenheit von schädlichen Einflüssen oder negativem Gerede.
- Halte im Verlauf des Tages Ausschau nach Möglichkeiten, eine Pause einzulegen und dich von der Hektik deines Lebens zu erholen.

Nichts kann einen Menschen, der die richtige Ein-
stellung hat, davon abhalten, sein Ziel zu erreichen;
nichts auf Erden kann einem Menschen helfen,
der die falsche Einstellung hat.
– Thomas Jefferson zugeschriebenes Zitat

KAPITEL 8

Etwas Kleines, das Großes bewirkt

Wenn dir etwas nicht gefällt, ändere es. Wenn du es nicht ändern kannst, ändere deine Einstellung.

– Maya Angelou

Etwas überaus Wichtiges und Lebensveränderndes, das ich im Laufe der Jahre aus der Beschäftigung mit der Bibel gelernt habe, ist die Bedeutung unserer inneren Einstellung. Sie ist vielleicht eine kleine Sache, aber sie bewirkt in fast allen Lebensbereichen große Dinge. Manchmal kann die kleinste Veränderung an unserer inneren Einstellung einen ganzen Tag verändern. Nichts und niemand kann uns zu einer schlechten Einstellung zwingen, wenn wir das nicht wollen. Deine Einstellung gehört dir, und sie entscheidet darüber, wie sehr du dein Leben lieben wirst. Eine negative, zweifelnde, murrende Einstellung ist ein schneller Weg, um die Liebe zum Leben zu verlieren. Doch eine positive, von Hoffnung erfüllte, optimistische Einstellung kann jeden schlechten Tag völlig verändern.

Ich las einmal von einer Witwe, die zwei Söhne hatte. Sie war auf deren finanzielle Unterstützung angewiesen. Einer ihrer Söhne war Regenschirmverkäufer. Daher schaute die Mutter jeden Morgen zuallererst hinaus um zu sehen, ob es regnen würde. An bewölkten oder bedeckten Tagen war sie bestens gelaunt. *Vielleicht regnet es heute; dann kann mein Sohn viele Regenschirme verkaufen!* Schien jedoch die Sonne, wenn sie aus dem Fenster schaute, war sie auf der Stelle bedrückt, weil an dem Tag keine Regenschirme verkauft werden würden.

Der andere Sohn der Witwe hatte einen ganz anderen Beruf – er verkaufte Ventilatoren. An jedem regnerischen Tag war sie deshalb unglücklich. *Es ist zu bewölkt; heute werden wohl keine Ventilatoren verkauft!* Doch wenn es hell und sonnig war, hatte sie viel bessere Laune, denn es bestand die Möglichkeit, dass die Wärme der Sonne viele Kunden überzeugen würde, einen Ventilator zu kaufen.

Wie du siehst, hatte die Frau immer etwas, worüber sie sich Sorgen machen und unglücklich sein konnte, ganz gleich wie das Wetter war.

Als sie sich eines Tages bei einer Freundin über das Wetter beschwerte, traf diese die unbestreitbare Feststellung: »Freu dich doch! Du hast keinen Grund dich aufzuregen. Wenn die Sonne scheint, kaufen die Leute Ventilatoren, und wenn es regnet, kaufen sie stattdessen Regenschirme. Verändere doch einfach deine Einstellung. Du hast nichts zu verlieren.«[11]

Diese kleine Anekdote erinnert mich an die Art und Weise, wie viele Menschen leben (und wie auch ich jahrelang gelebt habe). Es geschieht sehr leicht, dass man durchs Leben geht und nur das Negative an jeder Situation sieht. Wenn wir mit einer negativen Einstellung leben, ist es unmöglich, unser Leben zu lieben und zu genießen. Wenn wir nichts weiter sehen als die Probleme, den Ärger und den wolkenverhangenen Himmel, werden wir unser Leben nicht lieben, weil wir uns auf all das konzentrieren, was wir für falsch halten. Diese negative Haltung wirkt wie ein riesiger Schwamm, der alle Freude und allen Genuss aufsaugt, den wir vielleicht hätten haben können.

Ich habe festgestellt, dass die richtige Einstellung jede Situation verbessern kann. Es spielt eigentlich keine Rolle, was um uns herum passiert. Wichtig ist, was in uns vor sich geht. Freude und Frieden sind die Folge einer gottgefälligen, glaubensvollen Einstellung. Eine gute Einstellung ist in unserem Leben kein Automatismus; wir müssen uns täglich dafür entscheiden!

Ich bin gern mit Menschen zusammen, die eine positive, hoffnungsvolle Einstellung haben. Ihr Optimismus kann ansteckend sein. Sie erinnern mich daran, dass Glück nicht von unseren Umständen abhängt, sondern von unserer Herzenseinstellung gefördert wird. Dies ist einer der Hauptgründe, warum ich mich vor Jahren entschieden habe, mit Gottes Hilfe daran zu arbeiten, meine negative Einstellung und Sichtweise zu verändern. Das war nicht immer leicht – ich brauchte definitiv Gottes Hilfe –, doch je mehr ich mich mit seinem Wort beschäftigte, umso mehr erkannte ich, dass eine zuversichtliche Einstellung Gottes Wille für unser Leben ist.

> Eine gute Einstellung ist kein
> Automatismus; wir müssen
> uns täglich dafür entscheiden!

In Philipper 2,14 heißt es:

Was ihr auch tut, tut es ohne zu klagen und zu zweifeln.

Und Philipper 4,8 fordert uns auf:

Und nun, liebe Freunde, lasst mich zum Schluss noch etwas sagen: Konzentriert euch auf das, was wahr und anständig und gerecht ist. Denkt über das nach, was rein und liebenswert und bewunderungswürdig ist, über Dinge, die Auszeichnung und Lob verdienen.

Dies sind nur zwei von unzähligen Bibelversen zum Thema »Einstellung«. Wenn wir uns mit ihnen beschäftigen und ihnen Folge leisten, werden wir irgendwann in der Lage sein, die negative Einstellung und die Entmutigung zu besiegen, die uns umgibt. Wir werden durch Jesus ein Leben führen können, das wir wirklich lieben!

Eine Haltung des Gehorsams

Wenn wir über die Einstellung sprechen, denken die meisten Menschen sofort an Veranlagung – ein lächelndes Gesicht, eine fröhliche Fassade oder eine positive Sicht aufs Leben. Diese Dinge sind Symptome einer guten Einstellung, doch letztendlich handelt es sich noch um etwas Tieferes. Sehr oft ist unsere Einstellung unsere Entscheidung, wie wir leben wollen. Deshalb denke ich, dass eine Haltung des Gehorsams Gott gegenüber so wichtig ist, wenn wir den Weg, den Gott für uns vorgezeichnet hat, wirklich gehen und genießen wollen.

Als Christ ist jeder von uns dazu berufen, Gott in den großen und kleinen Dingen gehorsam zu sein, tagein, tagaus. Das ist manchmal eine Herausforderung, doch Gott befähigt uns zu dieser Aufgabe und er rüstet uns entsprechend aus. Mit seiner Hilfe können wir alles bewältigen, was notwendig ist. Und nicht nur das – wir können auch lernen, es mit einem Lächeln zu tun!

Nur wenige Menschen erkennen, dass, wenn wir eine Haltung des absoluten Gehorsams Gott gegenüber entwickeln, wir seinen guten und vollkommenen Willen entdecken. Er gibt uns Anweisungen, nicht, um uns zu schaden oder von unserem Glück abzuhalten – das genaue Gegenteil ist der Fall. Seine Leitung in unserem Leben ist zu unserem Wohl. Er weiß, was für jeden Einzelnen von uns das Beste ist, und er führt uns auf diesen Wegen. Gott versucht nie, uns etwas wegzunehmen, doch er führt uns oft so, dass wir Dinge in unserem Leben ändern, die seinem Segen im Weg stehen. Wenn wir zum Gehorsam aufgefordert werden, wird unser Leben dadurch immer nur besser.

Wenn wir eine Haltung des absoluten
Gehorsams Gott gegenüber entwickeln,
entdecken wir seinen guten und
vollkommenen Willen.

Gott möchte dich anleiten – sowohl in den größten Entscheidungen deines Lebens als auch in den kleinen, alltäglichen Details. Vielleicht bist du gerade beim Einkaufen und siehst, dass Müll auf dem Boden liegt. Der Heilige Geist fordert dich auf, ihn aufzuheben. Du hast die Unordnung nicht verursacht, aber du spürst, dass Gott dich drängt, sie zu beseitigen. Oder vielleicht legt Gott dir den Wunsch ans Herz, jemandem ein Geschenk zu machen, obwohl es sich dabei um eine Person handelt, die du nicht einmal magst! Zu anderen Zeiten kann es sein, dass Gott dich bittet, an einem Arbeitsplatz oder in Umständen zu bleiben, vor denen du lieber weglaufen würdest. Doch er möchte sie nutzen, um noch weiter an dir zu arbeiten. All diese Beispiele beschreiben perfekte Gelegenheiten, um eine Haltung des Gehorsams an den Tag zu legen.

Es erfordert eine Entscheidung deinerseits, Gott zu gehorchen. Wenn Gott dir nicht gibt, was du willst, ist es leicht zu schmollen, sich selbst zu bemitleiden oder wütend und verärgert zu sein. Du musst dich dann entscheiden, Selbstbeherrschung zu üben und weiterhin das zu tun, was Gott dir aufgetragen hat, auch wenn deine menschliche Natur das genaue Gegenteil davon will. Es mag Situationen geben, in denen du Gott am liebsten ignorieren und einfach dein »eigenes Ding« machen willst. Doch wenn du wirklich begreifst, dass Gott dein Bestes im Sinn hat, kannst du sagen: »Herr, ich weiß, dass du mich zu dem führst, was das Beste für mein Leben ist, und ich werde dir heute gehorsam sein.« Er wird dir übernatürliche Kraft und Freude schenken, um dein Versprechen einzuhalten und das zu tun, wozu er dich anleitet.

Ist dir ein Bereich deines Lebens bewusst, in dem du Gott ungehorsam bist? Wenn ja, dann solltest du umkehren und Entscheidungen treffen, die dem Willen Gottes entsprechen. Selbst wenn der Bereich, in dem Gott an dir arbeitet, nur eine Kleinigkeit ist, solltest du tun, was er von dir verlangt. Denk daran: Kleines kann in deinem Leben Großes bewirken.

Vielleicht hast du gerade das Gefühl, dass du feststeckst, so als würden sich die Dinge in deinem Leben nicht weiterentwickeln. Vielleicht hast du an irgendeinem Punkt deines Lebens zu Gott Nein gesagt, und du musst genau dahin zurückkehren und gehorsam sein. Wenn du beispielsweise jemandem vergeben musst, der dich verletzt oder beleidigt hat, du es aber noch nicht getan hast, weil du dachtest, du könntest einfach den nächsten Punkt in Gottes Plan angehen, dann kann ich dir aus eigener Erfahrung sagen, dass das nicht funktionieren wird.

Wenn wir das Richtige tun und, so gut wir können, Gott umgehend gehorchen, sehen wir womöglich nicht sofort, was wir davon haben, doch zu gegebener Zeit werden wir es erkennen. Tun wir das, was Gott von uns verlangt, wird er nie versäumen, seinen Teil zu tun! Entwickle eine Haltung des Gehorsams, und Gott wird dich segnen, wie du es dir nicht einmal ansatzweise erträumen kannst. Und während du wartest, wirst du nachts besser schlafen, weil du ein reines Gewissen hast.

Eine Haltung der Hoffnung

Es ist so wichtig, Hoffnung für die Zukunft zu haben. Statt zu erwarten, dass enttäuschende oder negative Dinge geschehen, bitte Gott, dass er dir hilft, eine Haltung der Hoffnung zu entwickeln.

Ich wuchs in einem äußerst negativen, hoffnungslosen Umfeld auf. Ich lebte in einer Atmosphäre voller Missbrauch und Misshandlung mit negativen Menschen, Alkoholsucht, Angst, Gewalt und Wut. Infolgedessen entwickelte ich eine Haltung, die besagte: *Es ist besser, nichts Gutes zu erwarten als Gutes zu erwarten und enttäuscht zu werden, wenn es nicht geschieht.* Hast du dich schon einmal gefragt: *Was kann sonst noch schiefgehen?* Das war meine Denkweise. Ich war darauf programmiert zu fragen: *Was wird wohl als Nächstes Schlechtes passieren?* Diese Haltung der Hoffnungslosigkeit folgte mir bis in mein Erwachsenenleben.

Doch im Laufe der Jahre begann Gott, mich diesbezüglich tief in meinem Herzen anzusprechen. Er zeigte mir, dass er sich für mich wünschte, Hoffnung auf Gutes zu haben statt stets vom Schlimmsten auszugehen. In Jeremia 29,11 sagt Gott: »*Mein Plan ist, euch Heil zu geben und kein Leid. Ich gebe euch Zukunft und Hoffnung.*«

Gott wollte, dass ich sage: »Es wird etwas Gutes geschehen!« Und er will, dass du die gleiche Einstellung entwickelst. Du sollst ein Leben voller Hoffnung führen, denn das ist ein Leben, das du lieben wirst.

Die Wahrheit ist, dass Gott nicht durch negative Haltungen wie Selbstmitleid, Faulheit, Passivität oder Anspruchsdenken an uns arbeitet. Das sind negative Denkweisen, die vom Feind kommen. Solche inneren Einstellungen bringen nie etwas Gutes hervor. Gott handelt durch unseren Glauben! Er wünscht sich von uns den Glauben, dass sich seine Verheißungen in unserem Leben erfüllen. Doch bevor wir Glauben haben können, brauchen wir Hoffnung. Deshalb ist eine Haltung der Hoffnung so überaus wichtig.

> Gott will, dass du ein Leben voller Hoffnung führst, denn das ist ein Leben, das du lieben wirst.

Ich liebe es, über Hoffnung zu sprechen, mit Hoffnung zu leben und den Menschen in meiner Umgebung Hoffnung zu machen. Der Grund dafür ist ganz einfach: Hoffnung ist ein mächtiges und lebensbereicherndes Geschenk Gottes. Wenn du dich fragst, was genau Hoffnung ist, ist die Antwort einfach: Hoffnung ist eine positive und zuversichtliche Erwartung, eine erwartungsvolle Haltung, dass etwas Gutes geschehen wird und die Dinge sich gut entwickeln werden, ganz gleich in welcher Situation wir uns befinden.

Einer meiner Lieblingsverse in der Bibel ist Sacharja 9,12.

Dort heißt es:

> *Kommt zurück in die befestigte Stadt, ihr Gefangenen, denn noch besteht Hoffnung! Heute verheiße ich, dass ich euch doppelten Ersatz geben werde!*

In einer Übersetzung heißt es: »… ihr Gefangenen der Hoffnung«; diese Formulierung gefällt mir. Wer ein »Gefangener der Hoffnung« ist, ist so von der Macht der Hoffnung überzeugt, dass er gar nicht anderes kann als darauf zu hoffen, dass alles besser werden wird. Und wenn man frustrierende Zeiten erlebt oder mit Enttäuschungen fertigwerden muss, wird eine Haltung der Hoffnung verhindern, dass man negative Dinge denkt und sagt.

Hoffnung ist eine Haltung, die dich inspirieren und befähigen wird, dein Leben zu lieben. Darum möchte Gott auch, dass wir uns von der Hoffnung »gefangen nehmen« lassen. Wir sollen eine Haltung entwickeln, die ihm bedingungslos vertraut – eine Haltung, die glaubt, dass er verändern kann, was verändert werden muss, und dass bei ihm alles möglich ist. Wenn wir unbeirrbar an einer Haltung der Hoffnung arbeiten, können wir auf keinen Fall verlieren.

Nimm heute eine neue Haltung an!

Ich möchte dich ermutigen, keinen weiteren Tag mit einer niedergeschlagenen, entmutigten, Ach-ich-Arme(r)-Einstellung zu vergeuden. Bitte Gott, dass er dir hilft zu erkennen, welche Veränderungen du an deiner Einstellung vornehmen musst, und dann mach dich daran, eine gottgefällige Haltung und Lebensperspektive zu entwickeln. Das ist mir sehr wichtig, weil mein Leben viel besser wurde, als ich lernte, meine Haltung im Gehorsam gegenüber dem Wort Gottes zu ändern. Ich weiß, dass es bei dir auch so sein wird. Worauf wartest du noch? Nimm heute eine neue Haltung an!

Nicht vergessen ...

- Eine positive, von Hoffnung erfüllte, optimistische Einstellung kann jeden schlechten Tag völlig verändern.
- Jeder von uns ist dazu berufen, Gott gehorsam zu sein – in großen und kleinen Dingen, tagein, tagaus.
- Gottes Leitung in unserem Leben ist zu unserem Wohl. Er weiß, was für jeden Einzelnen von uns das Beste ist, und er führt uns auf diesen Wegen.
- Statt zu erwarten, dass enttäuschende oder negative Dinge geschehen, bitte Gott um Hilfe, damit du eine Haltung der Hoffnung entwickeln kannst.
- Wenn du ein »Gefangener der Hoffnung« bist, bist du von einer zuversichtlichen Erwartung guter Dinge umgeben.

*Die größte Herausforderung ist es, in
einer Welt du selbst zu sein, in der alle
anderen versuchen, dich zu jemand
anderem zu machen.*
– E. E. Cummings

KAPITEL 9

Sei spontan

*Lieber will ich bei einem Abenteuer sterben als im
Stillstand zu leben.*

— V. E. Schwab

Die Menschenmenge war an jenem Tag besonders groß. Was
die genaue Anzahl betrifft, wird keine Angabe gemacht – es
heißt einfach »viele Menschen«. Stell dir einmal die Menschenmassen bei einem Volksfest oder einer großen Kundgebung mit
unzähligen Teilnehmern vor. So ähnlich muss es gewesen sein,
denn die Größe der auf ihn eindrängenden Menschenmenge
brachte Jesus dazu, an jenem Tag etwas anders zu machen –
eine Aktion, die niemand kommen sah.

Als die Masse von Menschen, die Jesus unbedingt lehren hören
wollte, ihn immer weiter an den Rand des Wassers drängte,
fragten die Jünger sich bestimmt: *Was sollen wir nur tun? Es ist
ja gar kein Platz mehr!* Vielleicht sagte Petrus zu Andreas, oder
vielleicht flüsterte Jakobus Johannes zu: »Er wird sie alle nach
Hause schicken müssen. Diese Menschenmassen schieben ihn
noch in den See!«

Das Problem war für alle offensichtlich. Der immer größer
werdenden Menschenmenge, die sich am See Genezareth versammelt hatte, um von diesem neuen Rabbi zu hören, ging der
Platz aus. Jesus war ein riesiger Publikumsmagnet, und die
Menge war an jenem Tag einfach zu groß. Jesus war der Platz
ausgegangen. Er wurde zum See hingedrängt. Das war ein Problem, das niemand (außer Jesus) vorausgesehen hatte, und es
wurde schnell zu einem Grund zur Sorge. Da tat Jesus etwas
Ungewöhnliches.

113

Lukas 5,1-3 malt uns die Szene vor Augen:

Als Jesus eines Tages am See Genezareth predigte, drängten sich viele Menschen um ihn, die alle das Wort Gottes hören wollten. Er bemerkte zwei leere Boote am Ufer. Die Fischer hatten sie liegen lassen und reinigten gerade ihre Netze. Jesus stieg in eines der Boote und bat den Besitzer des Boots, Simon, vom Ufer abzustoßen. Dann lehrte er die Menge vom Boot aus.

Statt den nahe liegenden Weg einzuschlagen und sich für eine Lösung zu entscheiden, die jeder kommen sah – wie zum Beispiel, eine Bühne zu bauen, einen Sicherheitsabstand einzurichten oder die Menschenmenge wegzuschicken –, tat Jesus etwas anderes: Er predigte von einem Boot aus.

Die Menschen hatten es nötig, das Wort Gottes zu hören, und seine übliche Predigtmethode würde an diesem Tag einfach nicht funktionieren. Statt aufzugeben, tat Jesus also etwas, das er normalerweise nicht tat. – Auch ich erinnere mich daran, dass ich etwas Ungewöhnliches getan haben, um das Wort Gottes zu den Menschen zu bringen, die darauf warteten, es zu hören.

Ich war in Kambodscha und die Menschenmenge hatte sich im Stadion versammelt. Gerade als ich soweit war, von meinem Hotel aus über die Straße und zu dem Treffen zu gehen, erhielt ich einen Anruf. Es war ein Regierungsbeamter, der gegen das Christentum war. Er hatte es geschafft, beim Personal im Stadion einige »Fäden zu ziehen« und den Strom abschalten zu lassen. So gab es keine Tontechnik, aber schlimmer war, dass ein elektrisches Tor geschlossen war: Die Menschen konnten nicht heraus und ich konnte nicht hinein!

Es verging einige Zeit und es wurde klar, dass ich nicht auf dem üblichen Weg ins Stadion gelangen würde. Sollte ich aufgeben oder etwas Spontanes tun, das ich noch nie zuvor getan hatte? Ich fragte, ob es irgendeinen anderen Eingang gab, und mein Sohn sagte, auf der Rückseite sei ein hoher Zaun. Wenn ich mutig genug wäre, auf die Müllcontainer zu klettern, könnten sie mich über den Zaun heben. Ich zögerte nicht einmal und ergriff die Gelegenheit. Zwar musste ich an jenem Abend mit einem Handmegafon statt einem Mikrofon predigen, aber ich tat es. Das Lobpreisteam sang, und ich predigte über Entschlossenheit und darüber, dass man nie aufgeben darf. Die Menschenmenge war sehr bewegt von dem Anschauungsunterricht, den ich ihnen gerade gegeben hatte. Genau genommen sprach am Ende die ganze Stadt davon, und ich glaube, es war besser, als es gewesen wäre, wenn wir alles auf die übliche Art und Weise gemacht hätten. Übrigens war ich zu dem Zeitpunkt mindestens 65 Jahre alt!

Vor Kurzem besuchte eine 102-jährige Frau namens Louise eine meiner Konferenzen. Das erste Mal hatte sie im Alter von 100 Jahren an einer solchen Konferenz teilgenommen, und es hatte ihr so gut gefallen, dass sie unbedingt wiederkommen wollte. Sie saß in jeder Veranstaltung und schrieb mit. Unserem Team erzählte sie, dass sie jeden Tag meine Fernsehsendung anschaute. Sie interviewten sie und fragten, warum ihr unsere Organisation derart gut gefiel. Sie antwortete: »Joyce hat so einen tollen Sinn für Abenteuer!« Ich glaube, im Grunde wollte sie damit sagen, dass unsere Sendungen sie jung, aufmerksam und aktiv hielten. Sie wollte ihren Abenteuersinn behalten und hatte offenbar nicht die Einstellung, dass sie zu alt für irgendetwas war. Sie wirkte viel lebenslustiger auf mich als manche 30-Jährige, die mir begegnen, und ich glaube fest daran, dass dies eine Folge ihrer Einstellung war. Die Begegnung mit ihr war für mich persönlich ein großer Segen und eine Ermutigung. Ich hoffe, wir alle behalten uns eine solche Einstellung bei, ganz gleich wie lange wir leben.

Die kurze Geschichte, wie Jesus von einem Boot aus predigt, besteht im Lukasevangelium aus drei Versen und im Markusevangelium aus nur einem Vers (siehe Markus 4,1), aber mir gefällt diese Entscheidung Jesu sehr. Ich glaube nämlich, sie zeigt uns drei wichtige Dinge an seinem Wesen, über die wir nachdenken sollten:

- Jesus weigerte sich aufzugeben.
- Jesus benutzte das, was er hatte (ein Boot), statt sich von dem außer Gefecht setzen zu lassen, was er nicht hatte.
- Jeder Tag mit Jesus war ein Abenteuer.

Sei nicht so sehr damit beschäftigt,
deinen Lebensunterhalt zu
verdienen, dass du vergisst,
ein Leben zu führen, das mit
Erinnerungen gefüllt ist.

Wer dem Beispiel Jesu folgen will, muss dem Muster und den Taten seines Lebens folgen. Wir sollten seinem Vorbild im Gebet folgen, wir sollten auf sein Beispiel im Dienst achten, wir sollten daraus lernen, wie er Freundlichkeit lebte. Doch das ist nicht alles. Wir können uns auch andere seiner Verhaltensweisen zum Vorbild nehmen: Lachen, Unberechenbarkeit, Lebensfreude und Spontaneität. Sei nicht so sehr damit beschäftigt, deinen Lebensunterhalt zu verdienen, dass du vergisst, ein Leben zu führen, das mit Erinnerungen gefüllt ist.

Überrasche ein paar Menschen ...
dich eingeschlossen

Einer der Hauptgründe, warum Menschen aufhören, ihr Leben zu lieben, ist, dass das Leben schal, vorhersehbar und langweilig wird. Jeder Tag ist gleich: Aufstehen, die Kinder zur Schule bringen, die gleichen Besorgungen machen wie letzte Woche, in den gleichen Supermarkt gehen und Lebensmittel für genau die gleichen Mahlzeiten wie letzte Woche einkaufen, die gleichen Fernsehsendungen anschauen… Es wird mir schon lang-weilig, wenn ich nur daran denke. Es ist wie in der alten Comic-serie *Pinky und Brain*, in der Pinky Brain immer fragt: »Hey, Brain, was wollen wir denn heute Abend machen?« Und Brain antwortet vorhersehbar: »Genau dasselbe wie jeden Abend, Pin-ky. Wir versuchen, die Weltherrschaft an uns zu reißen!« Selbst etwas so Ehrgeiziges wie die Weltherrschaft kann zur Routine werden, wenn es das Gleiche ist, was man *jeden* Abend macht.

Jesus war alles andere als berechenbar. Er hielt Beerdigungspro-zessionen auf, er kam zu einer Hochzeit und verwandelte Was-ser in Wein, er sprach mit den Ausgestoßenen, er aß mit Sün-dern und er predigte von einem Boot aus. Schlicht und einfach: Jesus war spontan.

Wenn du einen Weg finden möchtest, der Spaß macht und der dir hilft, dein Leben zu lieben, ist das ein wunderbares Bei-spiel, dem du folgen kannst. Gott hat dich nicht erschaffen, um ein ödes, langweiliges, eingefahrenes, vorhersehbares Leben zu führen. Er hat dich dazu erschaffen, das Leben voll auszukos-ten. Er möchte, dass du das Beste aus jedem Tag herausholst.

Was könntest du heute tun, um die Eintönigkeit der Routine zu durchbrechen? Was könnte dich aus der Langeweile-Falle herausholen? Es muss kein riesiges, großartiges Ereignis sein – Freude lässt sich auch in den kleinsten Dingen finden. Was wäre, wenn du dich dazu entschließt …

- auf einem anderen Weg zur Arbeit zu gehen
- etwas zu essen, das du noch nie gegessen hast
- mit jemandem zu Mittag zu essen, mit dem du noch nie Zeit verbracht hast
- eine andere Frisur auszuprobieren (auch wenn es nur für einen oder zwei Tage ist)
- Kleidung in einer nicht konservativen Farbe zu tragen (wenn du normalerweise auf Nummer sicher gehst)
- keine Angst mehr davor zu haben, was andere denken könnten, und deinem Herzen zu folgen?

Wenn du etwas davon tust (oder eine eigene Idee ausprobierst), werden die Menschen in deinem Leben bestimmt überrascht sein – und du auch! Spontan zu sein ist eine unterhaltsame Art und Weise, das Beste aus dem Leben zu machen, das Gott dir geschenkt hat.

Spontan zu sein ist eine
unterhaltsame Art und Weise,
das Beste aus dem Leben zu
machen, das Gott dir geschenkt hat.

Eines möchte ich ganz deutlich sagen: Spontan zu sein bedeutet nicht, verantwortungslos zu sein. Wir alle haben tägliche Verpflichtungen und Aufgaben, die nicht immer besonders aufregend sind. Doch nur, weil wir in unserem Beruf oder zu Hause Erwartungen erfüllen müssen, heißt das nicht, dass wir ein langweiliges Leben führen müssen. Wir haben in unserem Alltag genug Spielraum, um etwas zu tun, das Spaß macht und überraschend ist. Setz dir das Ziel, mindestens einmal im Monat etwas Außergewöhnliches zu tun, und ich glaube, schon das Planen wird dir Spaß machen.

Gib dich nicht mit sicher, routiniert und langweilig zufrieden. Halte nach Möglichkeiten Ausschau, dich und andere heute zu überraschen.

Nutze das, was du hast, auf neue und unerwartete Weise

Wenn ich darüber spreche, »ein abenteuerliches Leben zu führen« oder »Freude an Spontaneität zu finden«, sagen andere manchmal: »Das kann ich nicht, weil ich nicht genügend Mittel oder Zeit dafür habe.« Doch ich finde es interessant, dass Jesus nutzte, was er zur Hand hatte (ein angedocktes Boot), um etwas anderes zu tun. Ich nutzte, was ich hatte, als ich nicht auf die übliche Art und Weise predigen konnte – einen Müllcontainer, ein paar starke Männer, die mich über einen Zaun hoben, und ein Megafon!

Jesus hätte natürlich auf dem Wasser gehen können (dieses übernatürliche Wunder tat er in Matthäus 14), doch stattdessen zeigte er uns das Prinzip, zu nutzen, was wir haben.

Das ist nicht die einzige Situation in den Evangelien, in der Jesus so handelte. In Markus 6 hatte sich eine Menschenmenge von 5.000 Männern (plus Frauen und Kinder) versammelt, um Jesus lehren zu hören. Im Laufe des Tages wurden die Menschen hungrig. Wieder einmal waren die Jünger mit einem Dilemma konfrontiert. *Niemand will sich mit einer hungrigen Menschenmenge auseinandersetzen müssen!* Als die Jünger mit diesem Problem zu Jesus kamen, gingen sie davon aus, dass er die Menschen nach Hause schicken würde, doch er hatte eine andere Idee. Er fragte: »Was habt ihr?«

Die Antwort war auf den ersten Blick nicht besonders beeindruckend – sie hatten nichts weiter als das Lunchpaket eines Jungen, das aus fünf Broten und zwei Fischen bestand. Doch in Gottes Händen war das mehr als genug! Jesus sprach ein Dankgebet, brach das Brot, und die Menschenmenge bekam zu essen. Jesus nahm, was sie hatten, und gebrauchte es, um etwas Erstaunliches zu tun.

> Es ist erstaunlich zu sehen,
> was Jesus mit dem Wenigen,
> das wir haben, tun kann!

Kannst du dir das Gespräch am Lagerfeuer vorstellen, das die Jünger an jenem Abend führten? *Ich kann kaum glauben, was Gott heute getan hat. Ich hätte nicht gedacht, dass das, was wir hatten, auch nur annähernd ausreicht. Es war erstaunlich zu sehen, was Jesus mit dem Wenigen, das wir haben, tun kann! Was wir haben wird immer ausreichen, wenn Gott auf unserer Seite ist!* Als Gott Mose dazu berief, die Israeliten aus Ägypten ins

Verheißene Land zu führen, sprach Mose immer wieder das an, was er nicht hatte und nicht konnte, doch Gott fragte ihn: »Was hast du in der Hand?« Mose hatte einen Stab, einen gewöhnlichen Hirtenstab, doch Gott benutzte ihn, um mächtige Wunder zu tun, wie das Rote Meer zu teilen und Wasser aus einem Felsen hervorzubringen.

Um dein Leben spontan zu lieben, brauchst du nicht mehr, sondern musst nur kreativ mit dem umgehen, was du hast. Was du hast, ist mehr als genug. Gott hat dir bereits zur Verfügung gestellt, was du brauchst, um ein erfrischendes, die Eintönigkeit durchbrechendes Leben zu führen!

- Setze deine Talente auf neue Art und Weise ein.
- Sei kreativ mit deinem Budget, sodass du ein aufregendes neues Abenteuer erleben kannst (es muss nicht teuer sein).
- Fang an, einiges von dem zu tun, was du bei anderen Menschen gesehen hast und unbedingt schon immer mal ausprobieren wolltest, aber bisher noch nicht getan hast, weil es nicht zu deiner normalen Routine gehörte.

Du hast bereits so viel von Gott bekommen. Bitte ihn einfach heute darum, dir zu zeigen, wie du das Meiste aus dem herausholen kannst, was du bereits hast. Deine Mittel, dein Zeitplan, deine Gaben und Talente – Gott kann mit all dem etwas Erstaunliches tun.

Mach dich auf zu neuen Ufern!

Wann hast du das letzte Mal etwas zum ersten Mal gemacht? Mit anderen Worten, bist du schon so lange in der Gleichförmigkeit gefangen, dass dein Leben öde geworden ist? Du wurdest nicht dazu erschaffen, ein passives Leben zu führen, das nie nach neuen Herausforderungen, Gelegenheiten und Abenteuern mit Gott greift. Es ist sehr leicht, immer die gleichen alten, vertrauten Dinge zu tun, doch sie stellen keine Herausforderung mehr da und verlangen nicht, dass wir unsere kreativen Fähigkeiten einsetzen. Etwas Neues zu tun erfordert, dass wir uns anstrengen und Glaubensschritte in Bereichen wagen, die vielleicht anfänglich unbequem sind. Doch am Ende können wir dann eine aufregende Geschichte erzählen. Meine Geschichte, wie ich über den Zaun geklettert bin, ist großartig, doch ich musste es tun, bevor ich die Geschichte erzählen konnte.

Hab mal Spaß, ganz bewusst

Als Christen verbringen wir viel Zeit damit, über die tiefen, geistlichen Fragen des Lebens zu sprechen, und das ist wichtig, weil diese Dinge wichtig sind. Doch es ist nicht gut, wenn wir über gar nichts anderes mehr reden. Ein guter Freund von mir sagte, dass er, nachdem er Christ geworden war, alles im Leben so ernst zu nehmen begann, dass seine Frau ihn eines Nachts aufweckte und fragte: »Wirst du mich jemals wieder zum Lachen bringen?«

Glücklicherweise war das ein Weckruf für hin und er veränderte etwas.

> Manchmal ist das Geistlichste,
> was du tun kannst, nach Wegen
> Ausschau zu halten, zu lachen und
> etwas Neues zu tun.

Ich hoffe, dass du das Folgende aus diesem Kapitel mitnimmst: Manchmal ist das Geistlichste, was du tun kannst, nach Wegen Ausschau zu halten, zu lachen und etwas Neues zu tun. Gott ist nicht langweilig, und er will auch nicht, dass wir langweilig sind. Lass dich nicht so sehr von den ernsten Themen des Lebens herunterziehen, dass du vergisst, innezuhalten und dein

Leben tatsächlich zu genießen. Mach heute mal etwas Spontanes – und glaub mir, es wird dir gefallen!

Nicht vergessen …

- Jesus lebte uns vor, wie man lacht, unberechenbar bleibt, sich freut und spontan ist.
- Spontan zu sein bedeutet nicht, verantwortungslos zu sein.
- Gib dich nicht mit sicher, routiniert und langweilig zufrieden. Halte nach Möglichkeiten Ausschau, dich und andere heute zu überraschen.
- Du brauchst nicht *mehr*, um spontan zu sein, sondern musst einfach anfangen das zu nutzen, was du bereits hast.

Geschaffen hast du uns auf dich hin,
o Herr, und unruhig ist unser Herz,
bis es Ruhe findet in dir.
– Augustinus von Hippo

KAPITEL 10

Genieße das Hier und Jetzt

Ich glaube, dass Gott uns in diese fröhliche Welt gestellt hat, um glücklich zu sein.

— Robert Baden-Powell

Wenn man eine Gruppe von Menschen nach ihrer Lieblingsjahreszeit fragt, wird man ganz unterschiedliche Antworten mit jeweils schlagkräftigen Begründungen erhalten.

Manche lieben die Hitze des Sommers. Sie können es kaum erwarten, dass die Sonne anfängt zu scheinen, sodass sie nach draußen gehen und sich im Freibad oder am Strand amüsieren oder an einem heißen Sommertag einfach eine Limonade trinken können. Andere hassen den Sommer abgrundtief. Sie bevorzugen die Kälte des Winters. Für diese Menschen ist ein klirrend kalter Wintertag absolut himmlisch. Sie können es kaum erwarten, dass es schneit. Sie hören das ganze Jahr über Weihnachtsmusik, und der Gedanke an ein Kaminfeuer an einem kalten Winterabend lässt ihre Herzen höher schlagen.

Natürlich gibt es auch viele Menschen, die davon überzeugt sind, dass der Herbst die schönste aller Jahreszeiten ist. Die Blätter verfärben sich und die Temperatur ist an den meisten Tagen perfekt. Für sie bedeutet der Herbst, dass wieder Fußball gespielt wird und die Schule wieder beginnt – *Was könnte es Besseres geben?* Und schließlich gibt es diejenigen, die für den Frühling leben. Sie lieben es, wenn die Blumen blühen und der harte Winter vorüber ist. Der Frühling bedeutet Ostern, Neuanfänge und Pastellfarben. Für Frühlingsliebhaber ist das das Beste, was es gibt, und sie lassen sich von nichts anderem überzeugen!

(Meine Lieblingsjahreszeit ist der Herbst. Und deine?)

Obwohl der Herbst mein Favorit ist, kann ich in jeder Jahreszeit glücklich sein und Dinge finden, die ich genießen kann – und du hoffentlich auch. Es wäre doch schade, nur einen Teil jedes Jahres zu genießen und den Rest der Zeit unglücklich zu sein.

Ich sage das aus folgendem Grund: Genauso wie der Kalender aus Jahreszeiten besteht, gibt es auch Jahreszeiten des Lebens. Ich spreche von den allgemeinen Phasen oder Abschnitten unseres Lebens. Diese Zeiten sind für jeden von uns unterschiedlich, aber manchmal sehen sie so aus:

- eine Zeit des Studierens; das akademische Lernen steht im Mittelpunkt
- eine Zeit der Kindererziehung mit Windeln, Beißringen, kurzen Nächten und viel Geschrei
- eine Zeit des Wartens; vielleicht wartest du darauf, dass Gott ein Gebet im Hinblick auf deine Gesundheit, deinen Beruf, deine Beziehungen etc. erhört; oder eine Zeit, in der eine Phase vorbei ist und du darauf wartest, dass Gott dir die nächste Phase eröffnet
- eine arbeitsintensive Zeit, in der du dich selbstständig machst oder eine christliche Organisation gründest oder einfach eine neue Arbeitsstelle antrittst
- eine Zeit des geistlichen Lernens, in der du die Bibel intensiv studierst, neue Anweisungen oder Korrekturen von Gott erhältst und in deinem Glauben tiefere Wurzeln schlägst
- Zeiten des Säens und des Erntens: Säen bedeutet meist, dass wir in der Hoffnung auf eine zukünftige Belohnung etwas opfern, und Ernten ist die Zeit, in der die Belohnung sich endlich einstellt.

Dies sind nur einige Beispiele; natürlich gibt es noch viele mehr. Und so ähnlich wie bei den Jahreszeiten haben wir oft Phasen, die uns besonders gefallen und solche, die uns absolut missfallen. Ich kann dir gar nicht sagen, wie oft mir schon jemand gestanden hat: »Ich kann es kaum abwarten, dass diese Phase endlich vorbei ist.« Diese Aussage ist ein sicheres Zeichen dafür, dass der- oder diejenige die aktuelle Phase *nicht* genießt. Die gute Nachricht ist: Selbst wenn du die Phase deines Lebens, in der du dich gerade befindest, nicht magst, kannst du dennoch die Entscheidung treffen, dein Leben in der Zeit zu genießen.

Mir ist klar, dass manche Zeiten schwierig sind, doch wenn wir nur in bestimmten Phasen Freude erleben, entgeht uns das Beste von Gott in allen anderen Phasen. Gott will nicht, dass du dein Leben nur *manchmal* liebst, in *besonderen* Phasen oder Situationen. Gott möchte, dass du in *jeder* Phase deines Lebens Freude hast. Ganz gleich wie schwer diese Phase auch sein mag – Gott hält in ihr etwas Gutes für dich bereit. Ich möchte dich ermutigen, danach Ausschau zu halten. Etwas Gutes, das ich in Bezug auf jede »Jahreszeit des Lebens« entdeckt habe, ist, dass Gott sie gebraucht, um mich auf die nächste vorzubereiten.

> Gott möchte, dass du
> in jeder Phase deines
> Lebens Freude hast.

Als meine Organisation noch sehr klein war und über mehrere Jahre hinweg auch nicht wuchs, dachte ich, dass diese Phase nie enden würde. Es war eine schwierige Zeit für mich, weil ich große Träume hatte, nicht kleine. Schließlich wuchs sie und wurde zu einer internationalen Organisation. Heute sehe ich, dass der größte Teil der Vorbereitung, die ich für meine heutige Situation brauchte, in diesen ersten Jahren stattfand, als alles noch klein war. Die Arbeit wuchs nicht, aber ich wuchs geistlich. Gott bewirkte viele gute Veränderungen in meinem Charakter, die wichtig waren, um da sein zu können, wo ich heute bin.

Der Apostel Paulus schrieb in Philipper 4,11:

Ich habe gelernt, mit dem zufrieden zu sein, was ich habe.

In diesem kurzen Bibelvers beschreibt Paulus ein wunderbares Leben. Er hatte gelernt, sein Leben zu lieben, unabhängig von der aktuellen Phase. Ganz gleich ob er sich in einer Phase des Lernens, der Widrigkeiten, des Überflusses oder des Mangels, des Reisens, des Wartens oder des erfolgreichen Dienstes befand – Paulus sagte: »Ich bin zufrieden.«

Das Gleiche wünscht sich Gott auch für dich heute. Unabhängig davon, in welcher Phase du dich gerade befindest, möchte er dich wissen lassen, dass du Frieden und Zufriedenheit finden kannst. Vergeude deine Zeit nicht damit zu denken: *Ich bin glücklich,* wenn … Wenn *das vorbei ist* … Wenn *ich die nächste Stufe auf der Karriereleiter hinaufgestiegen bin* … Wenn *die Kinder groß sind* … Wenn *mein Ehepartner anfängt, mich wertzuschätzen* …

Es mag nicht immer einfach sein, doch du kannst dein Leben *jetzt* genießen. Du musst dich nur dafür entscheiden! Deine Fähigkeit, das Leben zu genießen, hängt zum größten Teil von deiner inneren Haltung den Geschehnissen gegenüber ab, nicht von deinen Umständen. Du kannst lernen, dich auf Gott zu verlassen und heute Frieden und Zufriedenheit finden, unabhängig von der Phase, in der du dich gerade befindest.

Wie geht es dir mit deiner Arbeit?

Fangen wir gleich einmal bei einem praktischen und kritischen Punkt an: deiner Arbeit. Ein bekanntes Zitat lautet: »Wähle einen Beruf, den du liebst, und du wirst keinen Tag deines Lebens arbeiten müssen.«[12] Das klingt zwar gut, doch es gibt ein Problem mit diesem Zitat: Die meisten Menschen haben keinen Beruf, den sie lieben. Tatsächlich ergab eine Gallup-Umfrage vor einigen Jahren, dass 70 Prozent der Befragten angaben, ihre Arbeit zu hassen.[13] Es ist schwer, ein Leben zu führen, das man liebt, wenn man jeden Tag einer Arbeit nachgeht, die man hasst. Wenn du dich also in deiner aktuellen Lebensphase in einer schwierigen Arbeitssituation befindest, möchte ich dir etwas vorschlagen:

Arbeite für Gott, nicht nur für deinen Arbeitgeber.

Wenn du deinen Arbeitgeber oder deine derzeitige Arbeitsstelle nicht magst, kann es sehr schwierig sein, die richtige Einstellung zu entwickeln. Ich weiß das aus eigener Erfahrung. Ich hatte jede Menge Arbeitsstellen, bei denen ich mir die Haare gerauft habe. An vielen Tagen ging ich nach Hause und betete: »Gott, ich kann das nicht mehr ertragen. Diese Leute wissen die Arbeit, die ich tue, nicht zu schätzen. Dieser Job kann doch nicht der richtige für mich sein!« Wenn es dir auch manchmal so geht, möchte ich dich an das erinnern, was Gottes Wort sagt. Kolosser 3,23 gibt uns eine eindrückliche Anweisung:

Tut eure Arbeit mit Eifer und Freude, als würdet ihr Gott dienen und nicht Menschen.

Beachte, dass Paulus nicht sagte: *Wenn du deine Arbeit magst, dann gib dein Bestes für Gott*, oder: *Wenn du einen guten Tag im Büro hast ...*, oder auch: *Wenn dein Chef ein guter Mensch ist ...* Nein, die Bibel sagt ganz deutlich: **Was ihr auch tut**, *arbeitet von Herzen als dem Herrn und nicht den Menschen* (Kolosser 3,23; Elberfelder; eigene Hervorhebung).

Wenn wir diesen Bibelvers befolgen, kann das sehr befreiend sein. Es verändert deine Perspektive, wenn du jeden Tag mit der Absicht zur Arbeit gehst, die bestmögliche Einstellung und Arbeitsmoral zu haben, die du aufbringen kannst, weil du für Gott arbeitest. Es spielt keine Rolle, was deine Kollegen tun oder wie unhöflich dein Chef ist, denn du arbeitest nicht für sie. Du erledigst deine Arbeit auf eine Weise, die Gott gefällt.

Wenn du dich zu dieser Denkweise entschließt, geschieht

etwas Erstaunliches. Im nächsten Vers (Kolosser 3,24) heißt es nämlich:

Vergesst nicht, dass der Herr euch mit dem himmlischen Erbe belohnen wird. Dient dem Herrn Jesus Christus!

Wie wunderbar! Dein Lohn, dein Erbe, deine Freude an einer gut erledigten Aufgabe – all das kommt von Gott. Er sieht deine harte Arbeit und er weiß um die Frustration, die du an deinem Arbeitsplatz erlebst. Doch wenn du dich entscheidest, dein Bestes mit einer gottgefälligen Einstellung zu geben, wird Gott dich segnen – vielleicht sogar mit einer besseren Arbeitsstelle, als du dir je hättest träumen lassen. Ich glaube nicht, dass Gott geneigt ist, uns mehr zu geben, wenn wir uns schon über das beschweren, was wir haben. Sei dankbar und glücklich, wo du bist, und bitte Gott um das, was du dir wünschst. Er hört deine Gebete und wird dir deinen Herzenswunsch erfüllen, wenn du dich in deinen gegenwärtigen Umständen an *ihm* freust.

Jeder echte Aufstieg kommt von Gott (siehe Psalm 75,7-8). Deine Zeit steht in seinen Händen, und du kannst zufrieden sein, während du auf eine Veränderung wartest.

Der Schritt ins Unbekannte

Obwohl ich dir nicht empfehle, törichte Dinge zu tun oder dem Zeitplan Gottes für dein Leben vorzugreifen, ist es doch möglich, dass du irgendwann einen Glaubensschritt machen musst, wenn du jemals dort ankommen willst, wo du sein möchtest.

Menschen hassen ihre Arbeit unter anderem deswegen, weil sie diese tun müssen, um Geld zu verdienen – nicht, weil sie wirklich glauben, dass sie damit den Plan Gottes für ihr Leben erfüllen. Ich hätte lieber weniger Geld und mehr Freude als viel Geld zu haben und unglücklich zu sein. Du nicht auch?

Damit will ich nicht sagen, dass du unverantwortlich handeln solltest, aber im Glauben zu leben bedeutet immer, dass es einen Moment geben wird, in dem du einen Schritt ins Unbekannte wagen musst. Vielleicht fragst du dich – so wie wir alle –, was passieren wird, wenn du falsch liegst? Doch wir dürfen nicht so viel Angst davor haben, das Falsche zu tun, dass wir nie etwas unternehmen. Ein kleines Abenteuer hat noch nie jemandem geschadet, und wenn du einen Schritt machst und feststellst, dass du das Falsche getan hast, kannst du jederzeit zurückgehen und neu starten. Vor vielen Jahren versuchte ich, mit meiner Fernsehsendung zu beginnen, bevor der richtige Zeitpunkt dafür gekommen war. Es war ein totaler Flop. Ich kehrte zu dem zurück, was ich bereits tat, und zum perfekten Zeitpunkt öffnete Gott die richtige Tür für die Fernseharbeit – und es funktionierte!

> Wir dürfen nicht so viel Angst
> davor haben, das Falsche zu tun,
> dass wir nie etwas unternehmen.

Nur wenige Fehler lassen sich nicht korrigieren. Zu ihnen gehört, dass man niemals bereit ist, einen Fehler zu machen. Das ist der größte Fehler überhaupt, und zwar einer, der uns die beste Zukunft kostet, die wir hätten haben können. Als Gott Josua dazu berief, die Israeliten über den Jordan und ins Verheißene Land zu führen, sagte er ihm, sie sollten der Bundeslade folgen, die für sie Gottes Gegenwart repräsentierte, weil sie diesen Weg noch nie gegangen waren (siehe Josua 3,3-4). Genau wie sie müssen auch wir, wenn wir unbekanntes Land betreten, Gott so gut wie möglich folgen und darauf vertrauen, dass er uns führen wird. Ich glaube, selbst wenn wir auf einen falschen Weg geraten, wird Gott uns zurück auf den richtigen leiten, wenn wir unser Vertrauen auf ihn setzen.

Zusammenfassend möchte ich sagen: Wenn du deine Arbeit hasst, kannst du eines von zwei Dingen tun. Du kannst dir eine neue Einstellung zulegen und bleiben, wo du bist, oder du kannst den Arbeitsplatz wechseln, wenn du den Eindruck hast, dass Gott dich in diese Richtung führt. Doch eine Arbeit einfach nur zu behalten und ständig Widerwillen dagegen zu empfinden, ist keine tragbare Option!

Zufriedenheit lernen

Zufriedenheit zu lernen ist wirklich ein wichtiger Aspekt, wenn du lernen willst, dein Leben zu lieben. Das gilt für deine Arbeit, aber es gilt auch für alles andere. Kristin Armstrong, Gewinnerin von olympischem Gold, sagte: »Niemand kann uns Zufriedenheit, Freude, Dankbarkeit oder Frieden stehlen – wir müssen sie schon freiwillig aufgeben.«[14] Damit hat sie recht, doch das Traurige ist, dass wir diese Dinge ständig aufgeben. Sobald etwas schiefläuft oder wir vor einer Herausforderung stehen, lassen wir uns entmutigen, verzagen und geben Frieden und Zufriedenheit auf. Zufrieden zu sein heißt nicht, dass wir uns keine Veränderung wünschen, sondern dass wir auf unserem Weg zum Ziel den Augenblick genießen können. Glaube an und Hoffnung auf Jesus helfen uns, uns vertrauensvoll darauf zu verlassen, dass, selbst wenn das Heute schwierig ist, das Morgen besser sein wird.

Die Entscheidung, zufrieden zu sein, ist etwas, das wir lernen können. Ich habe viele Jahre damit vergeudet, unzufrieden und verärgert zu sein. Glücklicherweise erkannte ich irgendwann, dass dadurch nichts besser wurde, sondern ich mich selbst nur unglücklich machte. Sogar Paulus sagt in Philipper 4,11, dass er »gelernt« hat, zufrieden zu sein.

Ich wollte lernen, das Leben zu lieben und zu genießen, das Jesus mir durch sein Kommen ermöglicht hatte. Ich gelangte an den Punkt, dass ich es mir so sehr wünschte, dass ich bereit war, alles dafür Notwendige zu tun. Ich wollte Frieden haben, unabhängig davon, was um mich herum geschah. Wünschst du dir das auch? Wenn ja, kannst du mit einem Gebet beginnen:

Gott, ich wünsche mir deine Zufriedenheit und Freude so sehr, dass ich bereit bin, meine alten Einstellungen und Denkweisen aufzugeben. Ich möchte mein Leben mit dir genießen, unabhängig davon, in welcher Lebensphase ich mich befinde. Ich vertraue darauf, dass du mich in dieser Phase lehrst und meinen Charakter entwickelst.

Die *Amplified Bible* definiert das Wort »zufrieden« als »so sehr befriedigt, dass ich mich nicht verstören oder aus der Ruhe bringen lasse, ganz gleich in welchem Zustand ich mich befinde«. Das ist eine sehr gute Definition, weil sie nicht besagt, dass ich so zufrieden sein muss, dass ich mir keine Veränderung mehr wünsche, sondern so sehr, dass ich nicht mehr ängstlich oder unruhig bin.

Einer der besten Wege, Zufriedenheit inmitten einer Situation zu erleben, die uns nicht sonderlich gefällt, ist aufzuhören, ständig auf das zu achten, was wir nicht mögen. Je mehr wir darüber nachdenken, wie groß unsere Abneigung gegen unsere Arbeit oder unsere Kollegen oder etwas anderes ist, umso unzufriedener werden wir. Wenn ich irgendwo in meinem Körper Schmerzen habe, richtet sich meine ganze Aufmerksamkeit darauf. Sobald ich jedoch abgelenkt bin, kommen sie mir weniger stark vor. Gestern hatte ich Rückenschmerzen, aber ich ging mit meiner Tochter einkaufen und fand zwei Blusen, die mir *sehr* gefielen. Später merkte ich, dass ich, während ich mich über die Blusen freute, den Schmerz offenbar gar nicht wahrnahm. Obwohl ich nicht die ganze Zeit damit verbringen kann, shoppen zu gehen, um meine Aufmerksamkeit von den Schmerzen abzulenken, kann ich dennoch mein Leben leben und es genießen, während Gott sich um mein Problem kümmert.

Wir können uns entscheiden, worüber wir nachdenken wollen, und die Gedanken, für die wir uns entscheiden, beeinflussen jeden Bereich unseres Lebens, insbesondere unsere Gefühle. Ein glückliches Leben erfordert frohe und hoffnungsvolle Gedanken. Die Bibel lehrt uns, dass ein fröhliches Herz die beste Medizin ist (siehe Sprüche 17,22).

Ein glückliches Leben erfordert frohe
und hoffnungsvolle Gedanken.

Ich bin zu der Überzeugung gelangt, dass Zufriedenheit einer der besten Wege ist, um Gott zu verherrlichen. Also triff heute die Entscheidung, in deiner jetzigen Lebensphase zufrieden zu sein, während du auf die nächste Phase wartest, die Gott für dich bereithält. Vertraue ihm: Warte nicht, bis alles perfekt ist, bevor du dich entscheidest, dein Leben zu genießen.

Nicht vergessen ...

- Genauso wie der Kalender aus Jahreszeiten besteht, gibt es auch Jahreszeiten des Lebens.
- Gott will nicht, dass du dein Leben nur *manchmal* liebst – in *bestimmten* Phasen oder Situationen. Er möchte, dass du in jeder Jahreszeit des Lebens zufrieden bist.
- Es spielt keine Rolle, was deine Kollegen tun oder wie unhöflich dein Chef ist, denn du arbeitest nicht für sie. Du tust deine Arbeit für Gott, auf eine Art und Weise, die ihm gefällt.
- Warte nicht, bis alles perfekt ist, bevor du dich entscheidest, dein Leben zu genießen. Vergiss nicht, dass Gott dein Allerbestes am Herzen liegt, und sei zufrieden, unabhängig von deinen Umständen.

*Menschen hängen manchmal mehr an
ihren Lasten als ihre Lasten an ihnen.*
– George Bernard Shaw

KAPITEL 11

Entdecke dein Leben neu

Das Leben besteht zu 10 Prozent aus dem, was
passiert, und zu 90 Prozent daraus, wie du darauf
reagierst.
– Charles R. Swindoll

Ich las einmal, dass der große amerikanische Schauspieler Marlon Brando einen sehr schlechten Orientierungssinn hatte. Das war schon in seiner Kindheit so. Man erzählt, dass er auf dem Weg zur Vorschule derart ziellos umherirrte, dass seine Schwester ihn schließlich an einer Leine zum Unterricht führen musste.

Das ist bei einem Vorschüler ein ziemlich lustiges Bild, aber es ist nicht besonders lustig, wenn es um das Leben geht. Leider laufen viele von uns wie Marlon Brando ziellos durch die Gegend. Wir fühlen uns verloren – verloren in unseren Beziehungen, verloren in unserem Glauben und verloren im Leben ganz allgemein. Wir können unsere Umstände zu einer »Leine« werden lassen, die die Richtung bestimmt und vorgibt, die wir einschlagen. Früher hatten wir einen Plan und wussten, wo wir hinwollten, doch es scheint, als hätten wir uns an irgendeinem Punkt verirrt.

Die gute Nachricht ist: Wenn du Christ bist, hat Gott dir den Heiligen Geist geschenkt. Der Heilige Geist nimmt viele Rollen ein – er ist unser Tröster, Ratgeber und Freund –, doch eine seiner wichtigsten Rollen ist, dass er unser Lotse ist.

In Johannes 16,13 sagt Jesus: *»Doch wenn der Geist der Wahrheit kommt, wird er euch in alle Wahrheit leiten.«* Und in

Römer 8,14 steht: *Denn alle, die vom Geist Gottes bestimmt werden, sind Kinder Gottes.*

Diese Verse erinnern uns daran, dass der Heilige Geist immer bereitsteht, um uns durchs Leben zu führen. Wir müssen uns nie wieder verloren vorkommen. Der Heilige Geist leitet uns, sodass wir Gottes Plan und Ziel für unser Leben entdecken – und wenn nötig wiederentdecken – können. Ich glaube, du wirst dein Leben vor allem dann lieben, wenn du dich jeden Tag vom Heiligen Geist leiten lässt. Du darfst dich auf das Abenteuer eines Lebens mit und für Gott einlassen!

Der Heilige Geist steht immer bereit,
um uns durchs Leben zu führen.

Wenn du dich verloren oder verwirrt fühlst, wenn es scheint, als wäre dir das Leben ein wenig aus den Händen geglitten, wenn du nicht annähernd so viel Freude hast wie früher einmal, möchte ich dir heute Mut machen: Du kannst dein Leben wiederentdecken! Du kannst an den Punkt zurückkehren, an dem du dich verirrt hast, und von dort aus weitergehen. Gib dich nicht damit zufrieden, einfach nur zu existieren. Dein Ziel sollte es sein, das Leben zu erleben, das Jesus für dich vorgesehen hat.

Frieden statt Stress

Stress ist einer der »Hauptschuldigen«, der uns die Freude raubt und unser Leben von dem Weg abbringt, den Gott für uns vorgesehen hat. Ich weiß aus eigener Erfahrung, wie es ist, unter Stress zu leben, und ich weiß, wie es ist, Gottes Frieden zu haben. Ich bin in meinem Leben an einen Punkt gelangt, an dem ich ehrlich sagen kann, dass ich tun werde, was immer nötig ist, um Gottes Frieden zu haben. Der Grund dafür ist ganz einfach: Es ist nicht Gottes Wille, dass wir ständig gestresst leben. Vielleicht hast du irgendwo auf dem Weg deinen Frieden verloren, weil du eine Tragödie oder eine schwere Prüfung erlebt hast, und du musst wiederentdecken, was es bedeutet, Frieden zu haben.

Das Gefühl, dass wir Stress gar nicht vermeiden können, stellt sich leicht ein, weil unsere heutige Welt einfach so ist. In unserer Gesellschaft herrscht eine Stress-Epidemie – überall, wo wir hinschauen, gibt es etwas anderes, worüber man sich Sorgen machen oder unruhig sein kann. Zu viele Termine, Katastrophen in den Nachrichten, wirtschaftliche Abschwünge – all das ist stressig. Doch nur, weil Stress in unserer Welt der neue Normalzustand ist, heißt das nicht, dass wir die Verhaltensweisen unserer Gesellschaft übernehmen und genauso leben müssen.

Wir haben zwei Möglichkeiten: Wir können gestresst, unruhig, sorgenvoll und unglücklich sein, oder wir können lernen, unseren Frieden wiederzuentdecken und wiederzugewinnen.

Jesus sagt in Johannes 14,27:

»Ich lasse euch ein Geschenk zurück – meinen Frieden. Und der Friede, den ich schenke, ist nicht wie der Friede, den die Welt gibt. Deshalb sorgt euch nicht und habt keine Angst.«

Vor Kurzem musste ich mehrere turbulente Wochen bewältigen, in denen viele verschiedene Dinge passierten. Eine Operation, Druck bezüglich einer wichtigen anstehenden Entscheidung, ein voller Arbeitsplan, Hochwasser in unserer Gegend und ein durch Stürme entstandener Dachschaden. Ich könnte die Liste fortsetzen. Ich weiß noch, wie ich zu Gott sagte: »Ich habe das Gefühl, dass ich vom Weg abgekommen bin und das Wichtigste in meinem Leben aus den Augen verloren habe, nämlich dich!«

Es kam mir vor, als hätte ich mich in einem Labyrinth verirrt und versuchte, den Weg nach Hause zu finden. Hattest du auch schon einmal dieses Gefühl? Vielleicht gerade jetzt? Gott zeigte mir, dass ich innerlich zur Ruhe kommen und ihn bitten musste, mich dorthin zurückzuführen, wo ich sein sollte. Meine Seele war voller Frust und Unruhe, doch Gott führte mich zurück zum Frieden. Er will das Gleiche für dich tun, wenn du es nötig hast, doch dazu gehört, dass du gehorsam die Veränderungen vornimmst, zu denen er dich auffordert.

Die Befreiung vom Stress beginnt damit, dass wir Johannes 14,27 verstehen und im Gehorsam gegenüber Jesu Aufforderung leben. Es ist wichtig, dass wir Folgendes begreifen: Wenn wir entdecken oder wiederentdecken wollen, wie wir unser Leben lieben können, müssen wir *Gott* die Dinge verändern lassen, die wir nicht verändern können, und ihn die Dinge tun lassen, die wir nicht tun können. Wir können nicht weiterhin aufgebracht und beunruhigt sein und gleichzeitig Frieden haben. Wir können das eine oder das andere haben, aber wir können nicht beides gleichzeitig haben.

Das Erste, was wir tun können, ist beten und bereit sein zu hören, was Gott über die wahre Ursache unseres Stressproblems zu sagen hat. Wenn du bereits deinen Teil tust – deinen Terminkalender überarbeitest, dich von negativen Gedanken löst und dich weigerst, dir Sorgen zu machen –, dann lass einfach los und vertraue darauf, dass Gott alles in Ordnung bringen wird. Doch wenn Gott dir einen Bereich in deinem Leben zeigt, der sich ändern muss, dann bitte ihn um seine Hilfe dabei und sei bereit, alles zu tun, was nötig ist, um Frieden zu haben. Vergiss nicht: Jesus gibt uns *seinen* Frieden – nicht so, wie die Welt ihn gibt, sondern seinen eigenen besonderen Frieden. Sein Friede wirkt *in* den Stürmen des Lebens und wartet nicht darauf, dass sie vorübergehen und das Leben wieder hell und sonnig ist.

Beten und gehorchen – das bedeutet, dass wir uns bewusst entschließen, nicht auf dem Fundament der Kultur in unserem Umfeld zu leben, sondern uns vom Heiligen Geist leiten zu lassen. Dieser lebt in uns, wenn wir an Jesus glauben und von Neuem geboren sind. Unser Denken sollte sein: *Mit Gottes Hilfe bin ich bereit, etwas zu ändern.* Dann, wenn wir tun, was Gott uns zeigt (oder nicht tun, wovon er uns abrät), werden wir die Freude eines Lebens in Beziehung mit Gott wiederentdecken können.

Neues Denken für ein neues Leben

Wenn wir uns die Zeit nehmen, unser Denken durch Gottes Wort zu erneuern, lernen wir, so zu denken, wie Gott denkt, das zu sagen, was Gott sagt, und so zu handeln, wie er es von uns will. Das ist der entscheidende Faktor um zu lernen, unser Leben zu lieben. Obwohl ich weiß und erlebt habe, welche Vorteile es bringt, richtig zu denken, heißt das nicht, dass ich es immer tue. Manchmal muss ich wiederentdecken, welche Kraft darin liegt! Mir wird dann klar, dass ich vom richtigen Weg abgekommen bin, doch glücklicherweise kann ich immer wieder auf diesen Weg zurückkehren, indem ich mich dazu entscheide.

Vielleicht fragst du dich: *Wie entdecke ich eine neue Art zu denken?*

Jeden Tag gehen uns buchstäblich Tausende Gedanken durch den Kopf; wie sollen wir sie alle kontrollieren? Als Erstes müssen wir glauben, dass es mit Gottes Hilfe möglich ist. Kürzlich sprach ich mit einer Frau, die mein Buch *Das Schlachtfeld der Gedanken* las. Sie sagte: »Es fällt mir immer schwerer weiterzulesen.« Ich fragte, ob sie damit meinte, dass ihr das Buch nicht gefällt, und sie antwortete: »O nein, es gefällt mir gut, aber je mehr ich lese, umso mehr begreife ich, dass ich mich verändern muss, und umso schwerer wird es, so weiterzudenken, wie ich es in der Vergangenheit immer getan habe.« Sie erlernte eine neue Denkweise und wurde vom Heiligen Geist herausgefordert, gehorsam zu sein.

Viele Menschen glauben zum Beispiel, dass es normal ist, sich Sorgen zu machen, und diese Frau hatte sich in ihrem Leben viele Sorgen gemacht. Doch für Christen sind Sorgen keine normale Denkweise. Philipper 4,6 sagt uns: *Sorgt euch um nichts*. Natürlich heißt das nicht, dass wir nie mit Gefühlen der Besorgnis oder Sorge zu kämpfen haben, doch wenn sie kommen, sollten wir beten und sie an Gott abgeben, damit wir seinen Frieden haben können, während wir schwere Zeiten durchmachen. Das ist das Leben, von dem Gott möchte, dass du es entdeckst, falls du es bisher noch nicht getan hast, oder es wiederentdeckst, wenn du es verloren hast.

In 1. Korinther 2,16 lesen wir: *Wir aber denken im Sinne von Christus*. Das bedeutet, wir können Gottes Weisheit, Einsicht und Frieden haben, um uns inmitten unserer Umstände und unabhängig von ihnen in unseren Entscheidungen leiten zu lassen. Ich muss dir nicht sagen, dass wir in einer Zeit voller schwindelerregender Ablenkungen leben. Es ist erstaunlich, mit wie vielen Informationen wir die meiste Zeit über durch Technologie, Medien und die Geschäftigkeit unserer Welt bombardiert werden.

So ist unsere Welt heute, doch wir müssen nicht so leben wie die Welt. Wir können lernen, die Frustrationen, die Ablenkungen und das Chaos der Welt um uns herum zurückzuweisen, um Frieden in unserem Inneren zu haben. Dieser Friede wird uns helfen, konzentriert und fröhlich zu bleiben, ganz gleich wie verrückt die Dinge in unserem Umfeld zu sein scheinen.

Es war eine riesige Offenbarung für mich, als ich erkennen durfte, dass ich nicht über alles nachdenken muss, was mir in den Sinn kommt. Ich kann meine Gedanken auswählen und selbst denken – ganz bewusst. Und du kannst das auch! Es gibt eine Möglichkeit, einen neuen »Normalzustand« zu entdecken – einen Weg, wie wir in unseren Umständen erfolgreich sein können, anstatt uns an dem zu orientieren, was die Welt als normal betrachtet. Das alles beginnt damit, dass wir unser Denken erneuern, indem wir uns auf Gottes Verheißungen konzentrieren statt auf die Probleme der Welt. Die Entscheidung liegt bei dir.

Entscheide dich also, dein Leben neu zu entdecken, indem

du dir eine neue Denkweise aneignest. Friedvolle Gedanken bewirken ein friedvolles Leben! Beginne jeden Tag damit, dass du die Bibel liest und darüber nachdenkst. Dann bete und bitte Gott, dass er dir hilft zu verstehen, wie du die Weisheit, die du darin entdeckst, auf deinen Alltag anwenden kannst. Wenn du deinen Teil tust, um dein Denken zu erneuern, wird Gott seinen tun. Du wirst staunen, wie viel besser das Leben sein kann, sobald du »im Sinne von Christus« denkst. Lass dich nicht entmutigen, wenn du feststellst, dass du vom Weg abgekommen bist. Glaub mir, das passiert uns allen.

Erlaube Gott, dich zu verändern

Wenn wir wollen, dass aus unserem Leben eines wird, das wir wirklich lieben, muss zunächst in unserem Herzen eine Verwandlung stattfinden. »Verwandlung« bedeutet eine vollständige Veränderung von innen nach außen. Vergiss nicht: Wenn wir Christen werden, werden wir neue Geschöpfe – man ist »nicht mehr derselbe, denn [unser] altes Leben ist vorbei. Ein neues Leben hat begonnen!« (2. Korinther 5,17).

> »Verwandlung« bedeutet eine
> vollständige Veränderung
> von innen nach außen.

Wenn wir ihn lassen, wird der Heilige Geist an uns arbeiten – unser Denken, unseren Willen und unsere Gefühle verändern –, sodass wir Jesus täglich ähnlicher werden. Wenn wir geistlich wachsen, wird das Gute, das in uns geschieht, an unserem Lebensstil sichtbar und wir werden zu Zeugnissen dessen, was Gott getan hast. Wir müssen nicht mehr frustriert oder verbittert durchs Leben gehen. Wir haben eine bessere Art zu leben entdeckt!

Viele Menschen glauben, sie könnten sich nicht ändern oder

verändert werden. Sie gehen davon aus, dass ihr Leben immer gleich bleiben und sich nie zum Besseren verändern wird. Doch der Einzige, der sich nie ändert, ist Gott (siehe Hebräer 13,8). Er will uns herausfordern zu glauben, dass er »durch die mächtige Kraft, die in uns wirkt, ... unendlich viel mehr tun [kann], als wir je bitten oder auch nur hoffen würden« (Epheser 3,20). Vielleicht ist es dir nicht klar, aber du veränderst dich jetzt, in diesem Moment, während du die Worte in diesem Buch liest, weil sie den Worten und Prinzipien Gottes entsprechen. Du erlernst eine neue Denkweise und dein Verstand wird erneuert. Lies weiter, und wenn nötig, lies es immer wieder.

Nicht vergessen ...

- Der Heilige Geist leitet uns, sodass wir mit jedem neuen Tag Gottes Plan und Ziel entdecken können.
- Wir haben zwei Möglichkeiten: Wir können weiterhin gestresst sein, bis wir zusammenbrechen und allen Frieden und alle Freude verlieren, oder wir können lernen, den Frieden anzunehmen, den Jesus in allen Umständen gibt, statt Stress in uns aufkommen zu lassen.
- Wenn wir uns die Zeit nehmen, unser Denken durch Gottes Wort zu erneuern, lernen wir, so zu denken, wie Gott denkt, das zu sagen, was Gott sagt, und so zu handeln, wie er es von uns will. Das ist der entscheidende Faktor um zu lernen, unser Leben zu lieben!
- Wenn wir ihn lassen, wird der Heilige Geist an uns arbeiten – unser Denken, unseren Willen und unsere Gefühle verändern –, sodass wir Jesus täglich ähnlicher werden.

Kein Mensch ist ein Versager,
der das Leben genießt.
– William Feather zugeschriebenes Zitat

KAPITEL 12

Betrachte jeden Tag als Chance

Ein Weg, das Leben voll auszuschöpfen, ist, es als
Abenteuer zu betrachten.

– William Feather

F. W. Woolworth war ein äußerst erfolgreicher Geschäfts-
mann, ein Pionier der modernen Billigwarenläden. Sein Geschäft setzte Trends und begründete das, was wir heute als
höchst erfolgreiches Modell des Niedrigpreis-Einzelhandels
kennen. Doch seinen Start ins Geschäftsleben finde ich besonders interessant …

Vor vielen Jahren trat ein energiegeladener junger Mann eine
Stelle in einem Eisenwarenladen an. Wie viele dieser alten Lä-
den umfasste die angebotene Ware auch veraltete Artikel im
Wert von mehreren tausend Dollar, die nur selten von den Kunden nachgefragt wurden.

Der junge Mann war klug genug um zu wissen, dass kein
blühendes Geschäft einen solchen Warenbestand mitschleppen
und gleichzeitig einen gesunden Gewinn machen konnte. Er
schlug einen Sonderverkauf vor, um die Ware loszuwerden.
Der Eigentümer reagierte zunächst widerstrebend, ließ ihn
aber schließlich doch mitten im Laden einen Tisch aufstellen,
auf dem einige der ältesten Artikel zum Verkauf angeboten werden sollten. Einen Versuch war es wert.

Jeder Artikel sollte zehn Cent kosten. Der Sonderverkauf
war ein Erfolg, und der junge Mann erhielt die Erlaubnis zu
einem zweiten Sonderverkauf. Dieser lief ebenso gut wie der
erste. Daraufhin kam dem jungen Angestellten eine Idee. Warum nicht ein Geschäft eröffnen, das nur Billigware anbot? Er

147

konnte den Laden führen und sein Chef konnte das Kapital liefern.

Der Chef des jungen Mannes war nicht begeistert. »Dieser Plan wird niemals funktionieren«, sagte er, »weil du nicht genügend Artikel finden wirst, um sie so billig zu verkaufen.« Der junge Mann war enttäuscht, machte sich aber schließlich ohne Hilfe selbstständig und verdiente ein Vermögen mit dieser Idee. Sein Name war F. W. Woolworth.

Jahre später klagte sein alter Chef: »Wenn ich es auch nur annähernd abschätzen kann, hat mich jedes Wort, mit dem ich Woolworths Vorschlag abgelehnt habe, etwa eine Million Dollar gekostet.«[15]

F. W. Woolworth tat etwas, das nur sehr wenige Menschen tun: Er nutzte die Gelegenheit. Er wartete nicht auf die perfekte Situation; er beschwerte sich nicht, als es schwierig war; und er gab nicht auf, als er auf Widerstand stieß. Er suchte nach einer Gelegenheit, und dann weigerte er sich aufzugeben.

Ich erzähle dir diese Geschichte, weil jeder Tag mit Jesus eine neue Chance ist, dass etwas Unglaubliches geschieht. Ganz ähnlich wie F. W. Woolworth müssen wir nichts weiter tun als diese tägliche Chance mutig zu ergreifen. Die Bibel sagt in Psalm 84,12:

Denn Gott, der Herr, ist für uns Sonne und Schutz. Er schenkt uns Gnade und Ehre. Der Herr wird denen nichts Gutes vorenthalten, die tun, was recht ist.

Diese biblische Wahrheit ist so gut, dass du sie vielleicht noch einmal lesen solltest. Was für ein wunderbares Versprechen! Der Herr »schenkt uns Gnade und Ehre [oder: Wohlwollen]«. Das bedeutet, dass dir die Gnade und das Wohlwollen Gottes *heute* zur Verfügung steht, um etwas zu tun, das du allein nicht hättest tun können. Die Gnade und das Wohlwollen Gottes eröffnen dir Chancen … jetzt, heute!

> Jeder Tag mit Jesus ist eine neue
> Chance, dass etwas Unglaubliches
> geschieht.

Und es wird noch besser. In der *Amplified Bible* sagt dieser Vers weiter, dass wir außerdem mit zukünftiger Ehre rechnen können. Gott wird auch morgen und übermorgen und überübermorgen neue Gelegenheiten schenken. Jeder neue Tag mit Gott ist eine neue Chance, dein Leben zu lieben!

Vielleicht liest du diese Worte und denkst: *Nun, ich habe nicht das Gefühl, dass mein Leben voller Gelegenheiten ist. Ich kann nicht erkennen, dass jeder neue Tag eine neue Chance enthält, dass etwas Wunderbares passiert.* Wenn du so empfindest, verstehe ich das – manchmal sehen wir die Chancen nicht, die wir haben. Dann ist es leicht, sich von früherem Versagen entmutigen oder von gegenwärtigen Hindernissen ablenken zu lassen und die Gelegenheiten zu übersehen, die nur darauf warten, dass du sie ergreifst. Ich möchte dir deshalb fünf Chancen nennen, die sich dir heute bieten und die du vielleicht nicht erkannt hast:

1. Die Chance, etwas zu tun, wovor du bisher Angst hattest

Angst ist einer der Hauptgründe, die uns davon abhalten, das überfließende Leben zu führen, das Jesus uns durch sein Kommen ermöglicht hat – Angst vor dem Unbekannten, Angst vor Versagen, Angst, dass wir nicht gut genug sind. Doch als Christen müssen wir unser Leben nicht mehr in Angst führen.

In Jesaja 41,10 heißt es: *»Fürchte dich nicht, denn ich bin bei dir. Sieh dich nicht ängstlich nach Hilfe um, denn ich bin dein Gott ... Ich unterstütze dich, indem ich mit meiner siegreichen Hand Gerechtigkeit übe.«*

Was für eine großartige Gelegenheit! Heute kann der Tag

sein, an dem du etwas tust, wovor du bisher Angst hattest. Es kann der Tag sein, an dem du dich mutig und zuversichtlich den Herausforderungen stellst, denen du in der Vergangenheit ängstlich ausgewichen bist. Und du kannst es, weil Gott verspricht, dass er dich mit seiner »siegreichen Hand« unterstützt.

- Vielleicht hattest du bisher Angst, noch deinen Studienabschluss zu machen – heute hast du die Chance, mutig zu sein.
- Vielleicht hast du Angst, dich auf diese Arbeitsstelle zu bewerben – heute hast du die Chance, zuversichtlich zu sein.
- Vielleicht hast du Angst, dich wieder verletzlich zu machen – heute hast du die Chance, furchtlos zu sein.

Ganz gleich welche Angst dich bisher zurückgehalten hat, erinnere dich, dass in 2. Timotheus 1,7 steht: *Denn Gott hat uns nicht einen Geist der Furcht gegeben, sondern einen Geist der Kraft, der Liebe und der Besonnenheit.* Lass dich auf deine Chance ein und tue heute etwas Mutiges in diesem Geist der Kraft und Liebe.

2. Die Chance, den heutigen Tag besser zu gestalten als den gestrigen

Sprüche 4,18 sagt uns: *Der Weg der Gottesfürchtigen ist wie der erste Sonnenstrahl am Morgen, der immer heller leuchtet, bis das volle Licht des Tages erstrahlt.*

Gott will nicht, dass du ein stagnierendes Leben führst und heute die Fehler wiederholst, die du gestern gemacht hast. Welche Fehler du gestern auch gemacht hast – sie sind vergangen. Welche Enttäuschung du gestern auch erlebt hast – dieser Tag ist in deinem Rückspiegel. Heute hast du die Chance, neu anzufangen. Mit Gottes Hilfe kannst du dich entschließen, aus der

Vergangenheit zu lernen und voranzugehen. Der heutige Tag kann wunderbar werden!

3. Die Chance, deinem Herzenstraum zu folgen

Christopher Reeve sagte einmal: »So viele unserer Träume … erscheinen zunächst unmöglich. Und dann erscheinen sie unwahrscheinlich. Und dann, wenn wir den Willen aufbringen, werden sie bald unvermeidlich.«[16]

Der Traum, den Gott dir gibt, ist etwas ganz anderes als ein Wunsch oder eine Sehnsucht. Er ist etwas, von dem du nicht loskommst, das dich immer wieder zum Weitergehen ruft. Doch leider folgen viele Menschen ihren Träumen nicht. Sie lehnen sich zurück und warten untätig darauf, dass der Traum sich von allein verwirklicht.

Ganz gleich wozu Gott dich deiner Meinung nach auffordert: Du wirst aktive Schritte unternehmen müssen, um es zu verfolgen. Gott wird dir die Kraft geben, die du brauchst, und er wird einen Weg ebnen, auch wenn es unmöglich erscheint. Doch du musst im Glauben vorangehen und dich in die richtige Richtung bewegen. Wir alle kommen an unser Ziel, wenn wir einen Schritt nach dem anderen gehen. Also mach den heutigen Tag zu einem Tag, an dem du die Gelegenheit ergreifst, weitere Schritte in die richtige Richtung zu tun.

Es wird nie einen besseren Zeitpunkt geben als jetzt! Schieb deinen Traum nicht noch einen Tag, einen Monat oder ein Jahr auf. Sei mutig und erkenne, dass sich dir heute die Chance bietet anzufangen. Tu etwas, auch wenn es etwas Kleines ist, aber weigere dich, nichts zu tun. Wir alle können heute beten, und das sollte immer das Erste sein, was wir tun. Wenn du einen Traum, ein Ziel oder einen Wunsch hast und nicht weißt, was du jetzt tun kannst, um darauf hinzuarbeiten, dann bete und bitte Gott, dass er anfängt, Türen zu öffnen.

4. Die Chance, etwas zu tun, das dir Spaß macht!

Etwas, das uns helfen wird, unser Leben zu lieben, ist, dass wir regelmäßig Dinge tun, die uns Spaß machen. Obwohl es biblisch und gut ist, etwas für andere aufzuopfern, ist es ebenfalls gut und emotional gesund, Dinge zu tun, die uns Spaß machen. Letzte Woche bat ich Dave, mit mir Kaffee trinken zu gehen, und das tat er herzlich gern. Allerdings lag der Coffeeshop, in den ich gehen wollte, eine halbe Stunde Autofahrt von uns entfernt. Ich sagte: »Es ist doch töricht, nur für eine Tasse Kaffee eine Stunde Auto zu fahren.« Doch Dave erwiderte: »Du bist es mir wert.« Ich war nicht nur dankbar für seine großzügige Haltung, sondern wurde auch daran erinnert, dass wir alle gelegentlich etwas Extravaganz wert sind.

Der Kaffee ist dort sehr gut, und er wird in einer niedlichen kleinen Tasse serviert, mit perfektem Schaum in Herzform! Was ich damit sagen will, ist: Mir gefällt das, und ich ergriff die Gelegenheit, etwas zu tun, das mir Spaß macht. Du solltest das auch tun.

5. Die Chance, um Hilfe zu bitten

Hast du dich schon einmal verfahren und gedacht: *Wenn ich doch jetzt nur jemanden nach dem Weg fragen könnte*, oder hast du dich allein mit einem Projekt abgemüht und gedacht: *Wenn doch nur jemand hier wäre, der mir helfen könnte?*

Hilfe ist etwas, das wir alle von Zeit zu Zeit brauchen, doch wir bitten nur selten darum. Vielleicht sind wir zu unabhängig oder zu stolz um zuzugeben, dass wir es allein nicht schaffen. Ganz gleich was der Grund ist, wir sind manchmal frustriert, weil wir einfach Hilfe brauchen.

Da habe ich heute eine sehr gute Nachricht für dich: Gott steht bereit, um dir die Wegweisung zu geben, die du brauchst, und die Hilfe, die du nötig hast. Er wird dir nicht nur selbst helfen, sondern dir auch andere Menschen schicken, die dir helfen, wenn du ihn darum bittest. Ich kann ehrlich sagen, dass ich nicht weiß, was ich ohne all die Menschen in meinem Leben tun würde, die mir helfen. Allerdings gab es eine Zeit, in der ich so unabhängig war, dass ich versuchte, alles selbst zu erledigen, und nicht um Hilfe bitten wollte. Wir alle brauchen einander, und wir berauben andere Menschen der Möglichkeit, die ihnen von Gott geschenkten Gaben einzusetzen, wenn wir uns weigern, uns von ihnen helfen zu lassen.

• Wenn du Weisheit für eine Entscheidung brauchst, bitte um Hilfe.
• Wenn dein Körper oder deine Seele ungesund sind, bitte um Hilfe.
• Wenn du Beziehungsprobleme hast, bitte um Hilfe.
• Wenn du deine Haltung verändern musst, bitte um Hilfe.

Der heutige Tag ist eine wunderbare Gelegenheit, Gott in deine Situation einzuladen, damit er sie verändern kann. Er hat einen großartigen Plan für dein Leben und er möchte, dass es gelingt. Du musst nichts weiter tun als ihn um Hilfe zu bitten.

> Der heutige Tag ist eine wunderbare Gelegenheit, Gott in deine Situation einzuladen, damit er sie verändern kann.

Warte nicht – nutze deine Chance!

Dein Leben steckt voller Möglichkeiten – du musst nur nach ihnen Ausschau halten. Jeder neue Tag ist ein neuer Tag, um Jesus zu dienen, seine Liebe zu erleben, in der Fülle seiner Freude zu leben und das Leben zu lieben, das er dir durch sein

Kommen ermöglicht hat. Verschwende nicht einen einzigen Tag mehr, indem du tatenlos dasitzt und dir wünschst, du hättest mal Glück. Ergreife die Initiative!

Nicht vergessen …

- Dir steht *heute* die Gnade und das Wohlwollen Gottes zur Verfügung, um etwas zu tun, das du allein nicht tun kannst.
- *Heute* kann der Tag sein, an dem du etwas tust, wovor du bislang Angst hattest.
- Du kannst *heute* etwas tun, das dir Spaß macht!
- Du kannst *heute* einen weiteren Schritt auf die Erfüllung deiner Träume zugehen.
- Du kannst *heute* um Hilfe bitten.

*Der Sinn des Lebens ist schließlich, es zu
leben und alle Erfahrungen voll auszukosten,
dich eifrig und ohne Angst nach neueren und
reicheren Erfahrungen auszustrecken.*
– Eleanor Roosevelt

KAPITEL 13

Die Fünf-Minuten-Regel

Die Sorge verleiht einer kleinen Sache einen großen Schatten.

– Schwedisches Sprichwort

Wir haben alle schon einmal davon gehört, wie wichtig Zeitmanagement ist. Wenn du Stress vermeiden willst, ist ein gutes Zeitmanagement ein effektiver Weg dahin. Wenn du deinen Terminkalender gut verwaltest, pünktlich kommst und gewissenhaft und konzentriert an deinen Aufgaben arbeitest, werden deine Tage sehr wahrscheinlich viel reibungsloser verlaufen. Das ist Zeitmanagement.

Ich glaube, es gibt etwas ebenso Wichtiges wie – wenn nicht sogar Wichtigeres als – Zeitmanagement, um ein Leben zu führen, das du liebst. Ich nenne es »Gedankenmanagement«. Um dein Leben zu lieben, ist es weise, mit deinen Gedanken genauso sorgfältig umzugehen wie mit deiner Zeit. Ein guter Weg ist, sich nach der Fünf-Minuten-Regel zu richten.

Die Fünf-Minuten-Regel ist ganz einfach: *Grüble keine fünf Minuten über etwas nach, das in fünf Jahren, fünf Monaten oder fünf Wochen keine Rolle mehr spielen wird.* Das ist ein praktisches Mittel, das dir helfen wird, dein Leben zu lieben!

Es ist erstaunlich, wie viel Kraft wir darauf verwenden, über Unwichtiges nachzudenken. Manchmal zerbrechen wir uns den Kopf über die kleinsten Dinge und merken gar nicht, dass wir damit unsere Freude verspielen. Es wäre viel klüger, sowohl unsere Gedanken als auch unsere Kraft auf die Themen zu verwenden, die wirklich von Bedeutung sind – die Themen, die unser Leben langfristig beeinflussen werden.

Statt sich über die Ärgernisse und kleinen Probleme im Leben endlos Gedanken zu machen, solltest du dir vor Augen halten, dass sie in (höchstens) fünf Tagen sowieso unerheblich sein werden.

Es hilft nie, sich aufgrund von Problemen zu quälen (ganz gleich um welche es sich handelt), und es bringt uns garantiert keinen Frieden und keine Freude. Es ist reine Zeitverschwendung. Ich muss an den völlig entnervten Ehemann denken, der seine Frau fragte: »Warum machst du dir ständig Sorgen, wenn es sowieso nichts bringt?« Sie antwortete abwehrend: »Natürlich bringt es etwas! Neunzig Prozent der Dinge, über die ich mir Sorgen mache, passieren gar nicht!«

Ich kenne einen Mann, der eine Zwangsstörung hat. Das heißt, er hat den zwanghaften Drang, bestimmte Dinge immer wieder zu tun. Er kann (oder will) keinen Frieden finden und sein Leben genießen, wenn bestimmte Dinge nicht genau so sind, wie er sie haben will. Besonders besorgt ist er darum, wie alles in seinem Leben aussieht. Sein Garten muss perfekt gepflegt sein, sein Auto muss makellos sauber sein, und wenn eines seiner Kinder etwas tut, das ein bisschen Dreck hinterlässt, wird er wütend. Seine Kleidung und Frisur müssen exakt seinen Wünschen entsprechen, damit er zufrieden ist – doch in Wahrheit werden die Dinge, die ihn aufregen, von anderen Menschen nicht einmal wahrgenommen. Im Verhältnis zu diesen Dingen selbst ist seine Sorge um sie extrem. Natürlich haben wir alle Dinge, die uns wichtiger sind als anderen Menschen, doch alles, was im Extrem betrieben wird, ist eine offene Tür für den Teufel, um uns zu quälen.

In Philipper 4,6-7 heißt es:

Sorgt euch um nichts, sondern betet um alles. Sagt Gott, was ihr braucht, und dankt ihm. Ihr werdet Gottes Frieden erfahren, der größer ist, als unser menschlicher Verstand es je begreifen kann. Sein Friede wird eure Herzen und Gedanken im Glauben an Jesus Christus bewahren.

Und in Matthäus 6,25 lesen wir:

Darum sage ich euch: Sorgt euch nicht um euer tägliches Leben – darum, ob ihr genug zu essen, zu trinken und anzuziehen habt. Besteht das Leben nicht aus mehr als nur aus Essen und Kleidung?

Gottes Anweisungen sind hier sehr deutlich: Verwende keine Zeit darauf, dich zwanghaft mit Dingen zu beschäftigen. Nichts im Leben ist perfekt, und das ist eine Tatsache, mit der wir uns abfinden müssen. Auf praktischer Ebene könnte die Fünf-Minuten-Regel heute für dich so aussehen:

- Reg dich nicht einmal fünf Minuten über einen Stau auf – auf lange Sicht ist er nicht von Bedeutung.
- Vergeude keine fünf Minuten mit Verunsicherung wegen etwas, das jemand über dich gesagt hat – es zählt nur, was Gott über dich sagt.
- Ärgere dich keine fünf Minuten, weil du die Fernbedienung oder dein Handy nicht finden kannst – diese Dinge werden schon wieder auftauchen.
- Verliere nicht fünf Minuten lang die Beherrschung, wenn du deinen Willen nicht durchsetzen kannst – Gottes Weg ist sowieso der beste.
- Gerate keine fünf Minuten lang in Panik, weil deine Frisur heute nicht so will wie du – morgen wird sie viel besser aussehen!

Verstehst du, was ich damit sagen will? Bei der Fünf-Minuten-Regel geht es darum, das wirklich Wesentliche nicht aus den Augen zu verlieren und deine Kraft nur dafür einzusetzen. Wirf dein Leben nicht fünfminutenweise weg. Bitte Gott stattdessen um eine gesunde Perspektive, sodass du dein Leben jeden Tag lieben kannst.

Bei der Fünf-Minuten-Regel geht es darum, das
wirklich Wesentliche nicht aus den Augen zu
verlieren und deine Kraft nur dafür einzusetzen.

Setze dein Vertrauen auf Gott

Sorge oder Unruhe ist ein Problem für viele Menschen in der
heutigen Welt. Natürlich liegt es in der menschlichen Natur,
sich um die schlimmen Situationen in unserer Welt und in unserem persönlichen Leben Gedanken zu machen. Doch wenn
wir nicht aufpassen, wird der Teufel uns dazu treiben, uns
mehr zu sorgen als angemessen ist … länger als fünf Minuten.
Vergiss nicht, Sorge ist wie ein Schaukelstuhl – man ist immer
in Bewegung, kommt aber nie vom Fleck. Deshalb verschwen-
det man damit nur seine Zeit. Sorgen sind nicht nur sinnlos,
sondern auch gefährlich, weil sie uns den Frieden rauben, uns
körperlich ermüden und uns sogar krankmachen können.

Sorge ist das genaue Gegenteil von Glauben. Wenn wir uns
Sorgen machen, quälen wir uns nur selbst und gehen vom Aller-
schlimmsten aus. Wir erledigen die Arbeit des Teufels für ihn,
wenn wir uns von Problemen in unserem Leben übermäßig
stressen lassen. Es gibt sehr ernste Probleme, die viel mehr als
fünf Minuten an Zeit und Nachdenken erfordern, doch im Vergleich zu der Anzahl unwichtiger Dinge, von denen wir uns
frustrieren lassen, sind sie begrenzt.

Kürzlich war ich im Theater. In der Pause beschlossen Dave
und ich, uns zu einem Freund einige Reihen hinter uns zu setzen. Er hatte einen Platz am Gang, und neben ihm waren noch
Plätze frei. Weil ich vermutete, dass ich vor dem Ende der Vorstellung noch eine Toilettenpause brauchen würde, und weil
ich niemanden stören wollte, hielt ich den Platzwechsel für
eine rücksichtsvolle Entscheidung. Als ich mich jedoch setzen
wollte, wurde die Frau auf dem Platz hinter mir aufgebracht
und sagte mir nachdrücklich: »Setzen Sie sich nicht vor mich!«

Sie hatte bemerkt, dass diese Plätze eigentlich nicht unsere waren, und wollte Fotos machen, weswegen ich mich nicht dort hinsetzen sollte. Ich beschloss, dass es das Beste war, mir einen anderen Platz zu suchen und keine weitere Störung zu verursachen, doch ich spürte, wie Ärger in mir aufstieg. Ich musste die Fünf-Minuten-Regel anwenden, aber ich brauchte nur zwei Minuten. Ich führte ein kurzes Gespräch mit mir und sagte: *Joyce, wahrscheinlich wirst du diese Frau in deinem Leben nie wiedersehen, und dass du dich ärgerst, verändert sie nicht. Lass es gut sein und genieß deinen Tag.*

Du kannst dein Leben nur lieben, wenn du dir nicht von äußeren Umständen deinen Frieden ruinieren lässt. Das gilt besonders für Dinge, die ohnehin nicht von großer Bedeutung sind. Frieden taucht nicht einfach so in unserem Leben auf – wir müssen ihm nachjagen, uns nach ihm sehnen und ihn aktiv verfolgen!

Statt sich auf all die Kleinigkeiten zu konzentrieren, die uns fünfminutenweise die Freude rauben, habe ich einen anderen Vorschlag. Folge den Anweisungen in Psalm 37,3. Dieser Bibelvers gibt uns einen wunderbaren praktischen Rat, wie wir Angst, Unruhe und Sorge überwinden können. Dort heißt es:

Vertraue auf den Herrn und tue Gutes, dann wirst du im Lande sicher leben, und es wird dir gut gehen.

Ein besserer Weg

Statt dir deinen Tag fünfminutenweise mit Kopfzerbrechen, Sorgen und ängstlicher Unruhe zu verderben, möchte ich dich ermutigen, etwas viel Besseres zu tun. Richte deine Gedanken ganz auf das aus, was du im jeweiligen Moment tust. Wir verpassen einen großen Teil des Tages, weil wir uns auf Dinge konzentrieren, die geschehen sind, statt auf das, was gerade geschieht. Eine andere Möglichkeit ist, die Fünf-Minuten-Regel komplett auf den Kopf zu stellen und jeweils fünf Minuten mit von Glauben erfüllten, zuversichtlichen Gedanken und entsprechenden Aktivitäten zu verbringen, die dir Leben spenden statt Kummer bereiten.

- Danke Gott fünf Minuten lang für alle seine Segnungen.
- Nimm dir heute fünf Minuten Zeit, um jemandem in deiner Umgebung zu helfen.
- Geh zu Gott und verbringe fünf Minuten im Gebet, wenn du dich das nächste Mal von den Ereignissen des Tages überfordert fühlst.
- Überrasche einen Freund/eine Freundin mit einem Fünf-Minuten-Anruf und ermutige ihn/sie.
- Sprich fünf Minuten lang Verheißungen der Bibel über dein Leben aus, bevor du ins Bett gehst.

Das Entscheidende ist die Perspektive. Wenn du Dinge in Intervallen tust (selbst in so kurzen Intervallen wie fünf Minuten), die echte, bleibende, ewige Auswirkungen haben, wirst du feststellen, dass sich deine innere Haltung und deine Sicht aufs Leben deutlich verbessern. Du wirst anfangen, dein Leben zu lieben – fünfminutenweise!

Nicht vergessen …

- Um das Leben zu genießen, das Jesus dir durch sein Kommen ermöglicht hat, ist es weise, mit deinen Gedanken genauso sorgfältig umzugehen wie mit deiner Zeit.
- Fokussiere sowohl deine Gedanken als auch deine Kraft auf die Dinge, die wirklich von Bedeutung sind – die dein Leben langfristig beeinflussen werden.
- Die Fünf-Minuten-Regel ist ganz einfach: *Grüble keine fünf Minuten über etwas nach, das in fünf Jahren, fünf Monaten oder fünf Wochen keine Rolle mehr spielen wird.*

- Sorgen sind wie ein Schaukelstuhl: Du bist ständig beschäftigt, kommst aber nicht vom Fleck.
- Wirf dein Leben nicht fünfminutenweise weg. Bitte Gott stattdessen um eine gesunde Perspektive, sodass du dein Leben jeden Tag lieben kannst.

Schätze dein Gestern, träume dein Morgen, lebe dein Heute.
– Quelle unbekannt

KAPITEL 14

Lebe jeden Tag, als wäre es dein letzter

Es sind nicht die Jahre in deinem Leben, die zählen,
sondern das Leben in deinen Jahren.

— Adlai Stevenson

Ich glaube, du bist auf dem besten Weg, wirklich ein Leben zu führen, das du liebst. Doch bevor wir weitermachen, müssen wir noch über etwas anderes sprechen – und das könnte der wichtigste Aspekt von allen sein: Einer der besten Wege zu einem Leben, das du liebst, ist, jeden Tag so zu leben, als wäre es dein letzter. Fang an, die Dinge zu tun, die dir wichtig sind, und die Dinge, die dir Spaß machen.

Ich spreche nicht davon, in Angst zu leben, dass heute dein letzter Tag auf Erden sein könnte. Vielmehr möchte ich dich ermutigen, jeden Tag voll auszuschöpfen. Ich weiß nicht, wie es dir geht, aber Zeitverschwendung frustriert mich. Ich bin ein zielorientierter Mensch und erreiche gern jeden Tag etwas, auch wenn es nur etwas Kleines ist. Wenn wir denken, wir hätten noch unendlich viele Tage vor uns, neigen wir dazu, Dinge aufzuschieben, die wir tun wollen – doch das ist nicht klug.

Vielleicht hast du den Film *Das Beste kommt zum Schluss* gesehen, in dem zwei todkranke Männer eine Liste – sie nennen es »Löffelliste« – von Dingen erstellen, die sie schon immer tun wollten, aber nie getan haben. Als ihnen klar wurde, dass ihre Zeit zu Ende ging, beschlossen sie, Dinge nachzuholen, die sie in ihrem Leben bereits hätten tun sollen. Ich kenne mehrere Menschen, die ihre eigene »Löffelliste« erstellt haben, nachdem sie diesen Film gesehen hatten. Sie nahmen sich mehr Zeit für die Dinge im Leben, die sie wirklich tun wollten.

Keiner von uns kann immer nur das tun, worauf er Lust hat. Wir alle haben Verpflichtungen, die an erster Stelle stehen müssen, doch wenn wir in unseren Alltag nicht auch Dinge einflechten, die wir gern tun, wird das Leben sehr schnell sehr fade. Für mich ist das so, als würde ich mein Essen mit Salz, Pfeffer oder anderen Gewürzen verfeinern. Gewürze sind nicht alles, aber sie verbessern definitiv den Geschmack. Deinem Leben etwas Würze zu verleihen heißt nicht, dass du etwas Großes tun musst, für das viel Zeit und Geld nötig sind. Könntest du nicht – statt Gründe zu suchen, warum etwas nicht möglich ist – einen Weg finden, wie es doch gehen könnte? Oder wenn du nicht genau das tun kannst, was du willst, könntest du ja eine andere Version davon tun. Wenn du gern durch Europa reisen würdest, das aber momentan nicht geht, dann mach doch wenigstens eine Reise an einen Ort, an dem du noch nie warst.

Solltest du nicht das Geld haben, um etwas von dem zu machen, was du machen möchtest, musst du es auf später verschieben. Es gibt viele Gründe, warum wir mit manchem warten müssen; aber wir müssen nicht *alles*, was wir gern tun würden, auf später verschieben. Erstelle deine eigene Liste! Was möchtest du tun, bevor deine Zeit auf dieser Erde vorbei ist? Sobald du es weißt, versuch jedes Jahr mindestens eine Sache davon zu machen. Auf deiner Liste sollten große und kleine Dinge stehen, damit du immer eine Auswahl hast.

Sei nicht jemand, der andere etwas tun sieht und dann sagt: »Das wollte ich auch schon immer machen, aber ich schätze, daraus wird nichts.« Wenn wir das tun, fühlen wir uns wahrscheinlich bald benachteiligt und verabscheuen am Ende das Leben, das wir haben, statt es zu lieben. Wenn du heute nicht das tun kannst, was du tun willst, kannst du wenigstens sagen: »Eines Tages werde ich es tun!« Hoffnung gibt uns Kraft und etwas, worauf wir uns freuen können.

Genuss und Vergnügen

Ich erinnere mich noch, wie verblüfft ich vor vielen Jahren war, als mir beim Bibelstudium klar wurde, dass Jesus gekommen ist, damit wir Leben haben und es auch genießen können (siehe Johannes 10,10).

Mein Sohn und seine Frau haben sich kürzlich ein Wochenende freigenommen und sich ein paar Tage in einem schönen Hotel in der Gegend gegönnt. Sie haben drei kleine Kinder und wollten eine Pause von der Alltagsroutine einlegen. Sie gingen essen, machten einen Einkaufsbummel und hatten Gelegenheit sich zu unterhalten, ohne ständig von kleinen Kindern unterbrochen zu werden, die alle paar Minuten Fragen stellen. Ich freute mich sehr für sie, und ihre Freude und ihr Genuss machten mir wiederum Freude. So geht es auch Jesus mit uns – unsere Freude macht ihm Freude!

Zum Vergnügen gehört auch das Lachen, und das ist mehr als nur eine gute Idee – es ist ein biblischer Gedanke! Gott hat uns die Fähigkeit zu lachen geschenkt, und es ist klug, sie auszuschöpfen. Lachen bringt der Seele – und dem Körper – Gesundheit. Im Laufe der Jahre habe ich sehr viel über die positiven Auswirkungen des Lachens gelesen und gehört. Beispielsweise ist allgemein bekannt, dass Lachen unsere Gesundheit folgendermaßen verbessern kann:

- Lachen führt zur Ausschüttung von Endorphinen; das sind körpereigene Stoffe, die Schmerzen lindern und Wohlbefinden hervorrufen.
- Lachen kann bewirken, dass wir mehr Kraft haben, weniger angespannt sind und sich unsere innere Haltung ändert.
- Lachen ist allgemein dafür bekannt, dass es die Bildung von Antikörpern fördert und damit das Immunsystem stärkt.
- Herzhaftes Lachen sorgt dafür, dass wir mehr Sauerstoff einatmen, und es regt Herz und Kreislauf an. Es ist wie Aerobic von innen!

167

Ich habe festgestellt, dass die Dinge, die mich am meisten zum Lachen bringen, gar nicht teuer sind. Sie geschehen meist, wenn ich nicht versuche, mich zu amüsieren, sondern einfach meinen gewöhnlichen Alltag lebe. Ich verbringe gern Zeit mit Menschen, die humorvoll sind und mich häufig zum Lachen bringen. Die Zeit, die ich mit ihnen verbringe, ist sehr erfrischend für mich. So wie viele Menschen arbeite ich hart und es könnte passieren, dass ich mich derart auf meine Aufgaben konzentriere, dass ich mir keine Zeit zum Lachen nehme. Es ist aber wichtiger als wir denken – in vielerlei Hinsicht!

Glücklicherweise gibt es einige Personen in meiner engsten Verwandtschaft, die mit viel Witz gesegnet sind, und dafür bin ich dankbar. Ich glaube, dass die Fähigkeit, andere Menschen zum Lachen zu bringen, eine Gabe Gottes ist.

Ein Weg dahin, mehr zu lachen, ist, manches weniger ernst zu nehmen. Obwohl es im Leben viele sehr ernste Probleme gibt, mit denen wir uns auseinandersetzen müssen, gibt es anderes, das wir zu verbissen sehen, obwohl wir es eigentlich nicht müssten. Die Fehler, die wir im Leben machen, gehören dazu. Lerne, über dich selbst zu lachen, statt dich wegen deiner Unzulänglichkeiten niederzumachen.

Kinder finden immer etwas zu lachen, und wir können viel von ihnen lernen. Werde mehr wie ein Kind und entscheide dich, häufiger zu lachen und dir weniger Sorgen zu machen.

Feiern

Einerseits möchte ich dich ermutigen, Dinge zu tun, auf die du Lust hast; andererseits möchte ich dir aber auch Mut machen mit dem Feiern anzufangen. Du musst dazu nicht auf eine große Errungenschaft warten wie auf deinen Studienabschluss oder ein großes Ereignis wie deine Hochzeit. Du kannst und solltest anfangen, die kleinen Erfolge im Leben zu feiern. Feiern muss nicht teuer sein, und du kannst es auch ganz allein tun. Es geht mehr um die Einstellung als um das Ereignis.

Um ein Leben zu führen, das du liebst, wirst du aufhören müssen, über alles Buch zu führen, was deiner Meinung nach mit dir nicht stimmt oder in deinem Leben schiefläuft. Als Menschen neigen wir stark dazu, ausschließlich darauf zu achten, wie weit wir noch gehen müssen, statt darauf, wie weit wir schon gekommen sind, und auf das, was wir nicht haben, statt auf das, was wir haben. Die folgende Bibelstelle hat mir sehr geholfen, diese Tendenz zu überwinden:

Es ist besser, du bist mit dem zufrieden, was du hast, als wenn du immer nach noch mehr Dingen verlangst. Denn auch das ist sinnlos und wie der Versuch, den Wind einzufangen.

Prediger 6,9

Salomo, der Verfasser des Predigerbuches, war ein Mann, der sich vorgenommen hatte zu lernen, wie man das Leben genießt. Obwohl er viele Dinge ausprobierte, die völlig fehlschlugen – und dazu gehörte, nur für sich selbst zu leben –, kam er zu einigen Schlussfolgerungen, denen ich zustimme. Eine davon ist in dem obigen Bibelvers zusammengefasst. Dieser sagt einfach aus, dass es besser ist, sich an dem zu freuen, was man hat, statt sich ständig nach dem zu sehnen, was man nicht hat.

Hast du schon einmal so einen Menschen getroffen, der *nie* zufrieden ist, ganz gleich was in seinem Leben passiert? Ich schon, und seine bloße Anwesenheit kann ermüdend sein. Obwohl solche Menschen sich vielleicht sogar als »gesegnet« bezeichnen, ist ihre Liste von Klagen derart lang, dass die Segnungen darin untergehen. Sie konzentrieren sich auf das Negative im Leben statt auf das Positive. Sie denken, dass sie glücklich sein werden, »wenn …«, aber irgendwie kommen sie nie dazu, zu genießen, wo sie *jetzt* sind und was sie *jetzt* haben.

Wenn wir jeden Tag so leben würden, als ob es unser letzter

wäre, dann bezweifle ich, dass wir das Genießen ständig auf-schieben würden. Wir alle scheinen von Natur aus zu wissen, dass es wichtig ist, aber wir weisen es einem späteren Zeitpunkt zu. »Jetzt« ist das, was wir haben, also sollten wir anfangen, es so gut zu nutzen, wie wir können.

Ich befinde mich seit Längerem in einer Phase, in der Gott mich auf einige meiner Fehler und Schwächen aufmerksam ge-macht hat. In letzter Zeit stelle ich jedoch fest, dass ich zu viel darüber nachgrüble. Ich musste damit aufhören und mich da-ran erinnern, welche Wegstrecke ich – was mein geistliches Wachstum angeht – bereits zurückgelegt habe, statt nur darauf zu achten, wie weit ich noch gehen muss. Wenn Gott uns un-sere Schwächen zeigt, dann nicht deshalb, damit wir uns an ihnen festbeißen und den Mut verlieren. Vielmehr ist es ein Akt seiner Liebe zu uns und seine Art, uns zu helfen, besser zu werden. Wenn du ihn lässt, wird er dir ebenfalls zeigen, wie weit du auf deinem Weg mit ihm schon gekommen bist. Feiere diese Erfolge regelmäßig; das wird dir helfen, effektiver mit den Dingen umzugehen, die sich noch ändern müssen.

Wenn Gott mich nach Hause ruft und die Menschen, die mich lieben, sich versammeln, um sich an mein Leben zu erin-nern, will ich nicht, dass sie traurig und unglücklich sind – sie sollen die Erinnerung an mich und das, was ich erreicht habe, feiern. Gott will, dass wir das jeden Tag tun! Genieße das Heute und lebe so, als könnte dieser Tag dein letzter sein.

Entscheide dich, dein Leben heute zu lieben

Louis E. Boone sagte einmal: »Die traurigste Zusammenfassung eines Lebens enthält drei Beschreibungen: könnte, hätte und sollte.«[17] Ich glaube, da hat er recht. Viele Menschen leben ein Hätte-, Könnte-, Sollte-Leben. Doch du musst nicht dazuge-hören. Du kannst heute so leben, als wäre es dein letzter Tag auf dieser Erde, und jeden Moment voll ausschöpfen. Sorge dafür, dass die Menschen, die du liebst, dies wissen. Warte nicht, bis es zu spät ist und du es nur noch bedauern kannst, dass du ihnen die Dinge, die du ihnen hättest sagen wollen, nie gesagt hast. Statt *hätte, könnte, sollte* kannst du ein Leben führen, über das du sagen kannst: *Ich habe geliebt! Ich habe gelacht! Ich habe voll und ganz gelebt!*

Nicht vergessen …

- Lebe jeden Tag, als wäre es dein letzter.
- Fang an, die Dinge zu tun, die du schon immer tun wolltest.
- Feiere jeden kleinen Erfolg in deinem Leben.
- Sag Menschen, wie wichtig sie dir sind.
- Genieße das Leben *jetzt* und lass dich nicht daran hindern.

Die größte Freude ist definitiv, etwas
für einen anderen zu tun, besonders,
wenn es ohne Gedanken an eine Gegen-
leistung geschehen ist.
– John Wooden

KAPITEL 15

Sei der Mensch, als den Gott dich erschaffen hat

Was hinter uns liegt und was vor uns liegt, sind Kleinigkeiten im Vergleich zu dem, was in uns liegt.

– Ralph Waldo Emerson zugeschriebenes Zitat

Ein ausgezeichneter Weg, dein Leben zu lieben, ist es, dich in deiner Haut wohlzufühlen. Bis du das kannst, werden deine Haltung, deine Beziehungen und dein Seelenfrieden stark beeinträchtigt sein. Es ist von größter Bedeutung, dass du der Mensch bist, als den Gott dich erschaffen hast. Das ist auch nur logisch. Ich möchte dir erklären, was ich damit meine.

Meine Freundin Darlene Zschech ist eine der begabtesten Sängerinnen und Lobpreisleiterinnen, die mir je begegnet sind. Wenn sie auf der Bühne steht, um andere im Lobpreis anzuleiten, ist das eine unglaubliche Erfahrung. Es ist ihre Begabung – sie ist großartig darin. Doch kannst du dir vorstellen, wie es wäre, wenn Darlene plötzlich beschließen würde, Rennfahrerin zu werden? Vielleicht hat sie ein Rennen im Fernsehen gesehen und sich gedacht: *Es wäre cool, wenn ich so schnell fahren könnte!* Ich vermute, das würde nicht besonders gut gehen. Ich hätte Angst um ihre Sicherheit. Warum? Weil Darlene nicht dazu erschaffen wurde, Rennwagen zu fahren.

Eine andere gute Freundin von mir, Christine Caine, ist äußerst begabt darin, Gottes Wort zu lehren. So hat Gott sie erschaffen. Aber was wäre, wenn Chris eines Tages beschließen würde, dass sie ein Hollywoodstar werden will? So talentiert sie auch ist, sie hat mir nie erzählt, dass Schauspielerei ihr Wunsch oder Lebenstraum ist. Und wenn sie versuchen würde, ihr Glück darin zu finden, im nächsten großen Sommerfilm mitzuspielen, wäre sie am Ende wahrscheinlich sehr frustriert.

Darlene und Christine wären die Ersten, die dir bestätigen würden, dass sie am glücklichsten sind, wenn sie ihre einzigartigen Fähigkeiten ausleben – nicht, wenn sie versuchen, jemand anderes zu sein.

Dieser Gedanke ist mir recht vertraut, weil ich eine ganze Weile brauchte um zu lernen, mich mit mir selbst wohlzufühlen. Im Laufe der Jahre habe ich eine Reihe von Dingen ausprobiert, die mir einfach nicht entsprachen. Ich weiß noch, wie ich versuchte, Gitarre spielen zu lernen. Das lief nicht gut. Ich erinnere mich auch noch, wie ich beschloss, eine Hausfrau zu sein, die den ganzen Tag für die Familie backt und allen neue Outfits näht. Das war ein Fehler, das kann ich dir sagen! Ich war noch nie in meinen Leben so frustriert gewesen.

Ganz gleich wie sehr ich mich bemühte – das alles entsprach mir einfach nicht. Und weißt du was? Je frustrierter ich bei dem Versuch wurde, wie andere Menschen zu sein, umso mehr litten meine Beziehungen darunter. Ich hatte viel mehr Frieden (und die Menschen um mich herum auch), als ich begriff, dass Gott mich dazu erschaffen hatte, sein Wort zu lehren und *das* mein Schwerpunkt sein sollte.

Aber ich verglich nicht nur meine Fähigkeiten mit anderen, sondern auch mein Temperament und meine Persönlichkeit. Ich bin offensiv, geradeheraus und mutig. Als ich andere Frauen beobachtete, die von Natur aus stiller und freundlicher waren, ließ ich mir vom Teufel einreden, dass etwas mit mir nicht stimmte und ich mehr wie diese Frauen sein müsste. Ja, ich hatte einige Veränderungen nötig. Ich musste daran arbeiten, wie ich mich anderen Menschen präsentierte. Aufgrund des Missbrauchs und der Misshandlungen, die ich erlebt hatte, war ich ein bisschen hart. Über die Jahre hat Gott mein Herz weicher gemacht und mir mehr Weisheit für mein Verhalten in Beziehungen gegeben. Dennoch musste ich lernen, das Temperament und die Persönlichkeit anzunehmen, mit denen Gott mich erschaffen hatte. Das gilt auch für dich!

Wie sieht es bei dir aus? Bist du zufrieden mit dem Menschen, als den Gott dich erschaffen hat? Oder versuchst du ständig, wie jemand anderes zu sein? Wenn du jemals gedacht hast: *Ich habe nichts zu bieten*, oder: *Wenn ich doch nur wie XYZ wäre*, dann möchte Gott dich davon befreien. Er hat dich als einzigartiges Individuum erschaffen. Er hat dir deine Talente und Fähigkeiten gegeben, und er will, dass du dich damit wohlfühlst, du selbst zu sein. Das bedeutet nicht, dass du nie etwas Neues ausprobierst und auch nicht, dass Menschen dich nicht inspirieren können, über dich hinauszuwachsen und etwas anderes zu lernen. Es bedeutet einfach, dass du begreifst, dass du so, wie Gott dich erschaffen hat, wunderbar und talentiert bist – du musst nicht wie jemand anderes sein!

> Gott will, dass du dich damit
> wohlfühlst, du selbst zu sein.

In Psalm 139,13 heißt es:

> *Du hast alles in mir geschaffen und hast mich im Leib meiner Mutter geformt.*

Und in Vers 14 heißt es weiter:

> *Ich danke dir, dass du mich so herrlich und ausgezeichnet gemacht hast! Wunderbar sind deine Werke, das weiß ich wohl.*

Diese Verse sagen dir, dass Gott sich viel Zeit genommen hat, als er dich erschuf. Er wusste genau, was er tat, als er deinen Geist, deine Seele und deinen Körper bis ins kleinste Detail formte. Er hat dir einzigartige Talente, eine schöne Persönlichkeit und einen individuellen Plan gegeben. Freu dich – du kannst den Menschen feiern, als den Gott dich erschaffen hat!

Unsicherheit überwinden

Viele Menschen auf der Welt haben es heute mit einer Identitätskrise zu tun. Das ist deshalb so, weil sie im Grunde nicht verstehen, wer sie durch Jesus sind. Gott will, dass wir unseren Wert darin finden, dass wir von ihm erschaffen wurden und ihm gehören, dass er uns liebt und einen sehr guten Plan für unser Leben hat. Doch statt ihre Identität in ihm zu suchen, gründen viele ihren Wert auf andere Dinge – wie sie aussehen, was sie beruflich tun, wen sie kennen oder was sie besitzen. Doch nichts davon definiert, als wen Gott dich erschaffen hat.

Wenn du je Probleme mit Unsicherheit hattest, dann entspann dich – du bist ganz normal. Das geht uns allen so! Doch die gute Nachricht ist, dass wir nicht unsicher *bleiben* müssen. Wir müssen nicht unglücklich leben und in unserem mangelnden Selbstbewusstsein stecken bleiben. Wir sind dazu erschaffen, uns sicher, selbstbewusst und mutig zu fühlen – das gehört zu unserem geistlichen Erbgut als Kinder Gottes. Doch der Schlüssel zu diesem sicheren Leben in Jesus ist zu wissen, als wer du erschaffen wurdest und Gottes bedingungslose Liebe wirklich anzunehmen. Außerdem ist es wichtig, dass du deinen Wert auf das gründest, was die Bibel über dich sagt, und auf nichts anderes.

In Jesaja 54,17 (Elberfelder) heißt es: *Das* – nämlich Frieden, Gerechtigkeit, Sicherheit und Sieg über Widerstände – *ist das Erbteil der Knechte des HERRN.* Mir gefällt dieser Bibelvers, weil er uns deutlich zeigt, dass es durch unsere Beziehung zu Jesus Christus unser Erbrecht ist, sicher zu sein. Wir müssen nicht mit dem Wunsch durch das Leben gehen, jemand anderes zu sein, oder uns fragen, was andere über uns denken. Wir können sicher und frei sein, der einzigartige Mensch zu sein, als den Gott uns erschaffen hat.

Denk einmal über Folgendes nach: Die Bibel sagt uns, dass wir »Miterben« mit Jesus sind (siehe Römer 8,17), und was er hat, erben wir als Geschenk von ihm. Ist das nicht erstaunlich?

Doch um in der Realität dieser Wahrheit zu leben, müssen wir sie im Glauben annehmen. Das erfordert, dass wir sie wirklich glauben, bevor wir sie annehmen.

- Vielleicht fühlst du dich nicht immer talentiert ... aber du bist es!
- Vielleicht hältst du dich nicht für wichtig ... aber du bist es!
- Vielleicht erkennst du nicht, dass du gesegnet bist ... aber du bist es!
- Vielleicht glaubst du nicht, dass du geliebt bist ... aber du bist es!

Wir gründen unseren Glauben auf die Wahrheit des Wortes Gottes. Diese Art von Glauben verkündet immer (spricht immer davon), worauf er vertraut, bevor das Ergebnis zu sehen ist oder sich zeigt. Wenn wir unseren Glauben in Worte fassen, hilft uns das, unser Denken zu erneuern, und es lässt unseren Glauben tatsächlich wachsen. Was wir über uns selbst glauben, wird stark von unseren Gedanken und Worten beeinflusst. Ich mache dir Mut auszusprechen, was die Bibel über dich sagt. Gott sieht nicht nur, was wir in diesem Augenblick sind, sondern auch, was aus uns wird. Er sieht das Ende von Anfang an (siehe Jesaja 46,10). Das wird dir helfen, alle negativen Glaubenssätze zu überwinden, die bei dir vorhanden sind, und es wird dich befähigen, den Widerstand des Bösen zu besiegen, der dir deine Zukunft, deinen Frieden und deine Freude rauben will.

Gott liebt dich mehr, als du dir vorstellen kannst

Karl Barth war einer der größten Theologen des 20. Jahrhunderts. Er war brillant und schrieb umfangreiche Werke über Theologie, Glauben und Kultur. Gegen Ende seines Lebens hielt er eine Vorlesung an der theologischen Fakultät der

Universität von Chicago. Wie man sich vorstellen kann, war der Hörsaal bis auf den letzten Platz besetzt. Nach der Vorlesung fragte ein eifriger Student Karl Barth, was er als größte theologische Entdeckung seines Lebens betrachtete.

Alle, die an dem Tag anwesend waren, saßen auf der Stuhlkante und warteten gespannt, was dieser brillante Theologe sagen würde, welche tiefgründige Wahrheit er enthüllen würde. Karl Barth dachte einen Augenblick nach, dann lächelte er und antwortete:»Die größte theologische Erkenntnis, die ich je hatte, ist: Jesus liebt mich ganz gewiss, denn die Bibel sagt mir dies.«[18]

Ich finde es erstaunlich, dass ein Kinderlied aus der Sonntagsschule quasi das Fundament unserer Errettung zusammenfassen kann: Gott liebt uns mehr, als wir uns vorstellen können. Wenn doch nur mehr Menschen die Tiefe dieser mächtigen Botschaft verstehen würden!

Jahrelang gehörte ich zu den Menschen, die Gottes Liebe nicht wirklich verstanden. Es war eine Wahrheit, die mir am Anfang meines Dienstes erst offenbart werden musste. Tatsächlich handelte meine allererste Predigt von der Liebe Gottes zu uns.

Ich erinnere mich, dass ich nicht unbedingt über dieses Thema sprechen wollte, weil ich dachte, dass es weder neu noch besonders spannend war. Ich ging davon aus, dass die Menschen bereits wussten, dass Gott sie liebt. Doch Gott ließ mich in meinem Herzen wissen, dass viele Menschen seine Liebe nicht verstanden, denn wenn sie es täten, würden sie ganz anders leben. Wir würden uns nicht mit anderen vergleichen, miteinander konkurrieren oder Angst haben, unsere Schwächen zuzugeben, wenn wir uns wirklich der Liebe Gottes sicher wären.

In 1. Johannes 4,17-18 heißt es:

... unsere Liebe kennt keine Angst, weil die vollkommene Liebe alle Angst vertreibt.

Als ich mich mit diesem Vers beschäftigte, begann ich zu erkennen, dass ich ein Mensch war, der erst noch die »vollkommene« Liebe des Vaters verstehen musste. Ich hatte noch Angst, Unsicherheit und Zweifel, ob ich seine Liebe verdiente. Im darauffolgenden Jahr setzte ich mich also intensiv mit Gottes Liebe auseinander. In dieser Zeit des Studiums begann ich, eine persönliche Offenbarung von Gottes bedingungsloser Liebe und Annahme für mich – und alle, die seinen Namen anrufen – zu erleben. Ich glaube, dass wir oft versuchen, allein auf der Grundlage von Informationen zu existieren, doch was wir wirklich brauchen, ist eine Offenbarung. Wir brauchen eine Offenbarung über die Liebe Gottes zu uns, und wir müssen tief darin verwurzelt sein.

… ich bete, dass Christus durch den Glauben immer mehr in euren Herzen wohnt und ihr in der Liebe Gottes fest verwurzelt und gegründet seid.

Epheser 3,17

Diese Offenbarung der bedingungslosen Liebe Gottes half mir zu verstehen, dass mein Wert in der Wahrheit liegt, dass ich ein Kind Gottes bin – nicht in dem, was ich tue oder habe, wie ich aussehe oder was andere von mir denken. Natürlich wollen wir alle so gut wie möglich aussehen, große Dinge tun und angesehen sein. Wenn wir aber sicher in Gottes Liebe verwurzelt sind und diese Dinge nicht erreichen, können wir dennoch erhobenen Hauptes durchs Leben gehen und glauben, dass wir geliebt und wertvoll sind. Wenn wir das tun, setzen wir unser Vertrauen darauf, dass Gott über unser Leben bestimmt, nicht unsere Umstände.

Ganz gleich welchem Beruf du nachgehst, wie viel Geld du hast oder nicht hast, ob du alleinstehend oder verheiratet bist, ob du Kinder hast oder nicht: Du bist von deinem himmlischen Vater wertgeschätzt, angenommen und bedingungslos geliebt.

Es ist sehr wichtig, das zu verstehen. Wenn du fälschlicherweise meinst, dass die Liebe Gottes davon abhängt, womit du deinen Lebensunterhalt verdienst oder wie erfolgreich du in deinem Alltag bist, wirst du nie wirklich sicher und stabil in deiner Beziehung zu ihm sein. Begreifst du hingegen, dass Gott dich bedingungslos liebt, einfach so, wie du bist, wirst du frei sein, dein Leben zu lieben. Dann kannst du dich auch daran freuen, dass Gott dich so gemacht hat, wie du bist.

Drei Ideen, um der Mensch zu sein, als den Gott dich erschaffen hat

Wenn du dich selbst magst, wird es dir viel leichter fallen, dein Leben zu genießen. Ein zusätzlicher Vorteil ist: Wenn du lernst, dich selbst anzunehmen und mit dir zurechtzukommen, wirst du tendenziell auch bessere Beziehungen haben. Es gelingt dir dann besser, andere Menschen anzunehmen und mit ihnen auszukommen.

Die Bibel sagt uns mehrfach, dass wir unseren Nächsten lieben sollen wie uns selbst. Bei vielen Menschen, denen es schwerfällt, mit anderen auszukommen, ist die eigentliche Ursache des Problems eine Schwierigkeit, an den eigenen Wert zu glauben.

Matthäus 7,17 erklärt uns: *Ein gesunder Baum trägt gute Früchte, ein kranker Baum dagegen schlechte.* Das bedeutet, die »Frucht« unseres Lebens kommt von der »Wurzel« in uns. Wenn du Wurzeln der Minderwertigkeit, Scham, Ablehnung oder Selbstverachtung in deiner Seele hast, werden die Früchte deiner Beziehungen darunter leiden. Doch sobald du eine Offenbarung von Gottes bedingungsloser Liebe zu dir erhältst und anfängst, dich so anzunehmen, wie Gott dich geschaffen hat, wird diese neue Wurzel großartige Früchte hervorbringen und deine Beziehungen werden aufblühen. Ich möchte dir empfehlen, einen gründlichen Blick in dein Herz zu werfen und dich ehrlich zu fragen, ob du wirklich ohne Zweifel daran glaubst, dass Gott dich immer liebt, ob du dich nun perfekt benimmst oder nicht. Bis du diese Frage mit einem eindeutigen Ja beantworten kannst, musst du weiterhin die Bibel studieren und über Bibelstellen nachdenken, die von der Liebe Gottes zu dir handeln. Irgendwann wird daraus eine Offenbarung werden, die dir niemand nehmen kann. Paulus ermutigt uns, uns nie durch irgendetwas – nicht durch Probleme, Verfolgung, drohende oder bevorstehende Dinge oder sonst etwas in der ganzen Welt – von der Liebe Gottes trennen zu lassen (siehe Römer 8,35.38-39).

Hier habe ich drei praktische Vorschläge, wie du gesunde geistliche Wurzeln entwickeln kannst, die deine Sicht aufs Leben völlig verändern werden:

1. Sag gute Dinge über dich, die Gott auch sagt – niemals schlechte

In Matthäus 12,37 heißt es: »*Was ihr heute sagt, entscheidet über euer Schicksal; entweder werdet ihr gerettet oder gerichtet.*« Sprüche 23,7 (Schlachter) sagt uns: *Wie er in seiner Seele … denkt, so ist er.* Diese Verse vermitteln uns eine eindrückliche Wahrheit, die wir verstehen müssen: Wie wir über uns sprechen und denken, zeigt, was wir für uns selbst empfinden.

Deshalb schlage ich vor, dass du deine Haltung dir selbst gegenüber veränderst, indem du änderst, wie du über dich sprichst. Sag nie Dinge wie: *Ich sehe schrecklich aus. Ich bin dumm. Wer könnte mich je lieben? Ich mache nie etwas richtig.* Diese negativen Worte verstärken nur die Wurzel der Unsicherheit. Fang stattdessen an, Dinge zu sagen, die dem entsprechen, was die Bibel über dich sagt. Dinge wie …

- Ich trage einen überwältigenden Sieg davon durch Christus, der mich geliebt hat (siehe Römer 8,37).

- Ich bin Gottes Schöpfung (siehe Epheser 2,10).
- Ich bin durch Christus vor Gott gerechtfertigt (siehe 2. Korinther 5,21).
- Ich bin von Gott geliebt (siehe 1. Johannes 4,10).

Das ist ganz einfach! Du kannst diese Sätze aussprechen, während du das Essen zubereitest, im Stau sitzt oder früh am Morgen aufstehst. Du wirst staunen, wie es deine Perspektive verändert und positive Auswirkungen auf deine Beziehungen hat, wenn du Gottes Wahrheit darüber aussprichst, wer du wirklich bist.

2. Konzentriere dich auf dein Potenzial, nicht auf deine Begrenzungen

Große Sportler konzentrieren sich nie auf den letzten verpatzten Wurf, den letzten Ball, den sie fallen gelassen haben, oder das Aus in der letzten Runde. Stattdessen warten sie gespannt auf ihre nächste Chance, ein fantastisches Spiel zu machen. Ich bin kein großer Sportfan, aber ich kann diesem Denken etwas abgewinnen. Ein Aspekt, der sie zu Meistern ihrer Sportart macht, ist ihre Entscheidung, sich auf ihre Fähigkeit zu konzentrieren, es beim nächsten Mal besser zu machen, statt auf ihre Fehler und ihr Versagen. Jeder Sportler oder erfolgreiche Mensch konzentriert sich auf sein Potenzial statt auf seine Begrenzungen. Wir täten gut daran, dasselbe zu tun!

Statt dich zwanghaft damit zu beschäftigen, was du nicht kannst, fang doch an, Gott für das zu loben, *was* du kannst. Schöpfe deine Stärken voll aus und lass deine Schwächen nicht mehr als eine Nebenrolle spielen. Gott hat dir diese Talente, diese Persönlichkeit oder diese Interessen aus einem bestimmten Grund gegeben. Bitte ihn, dass er dir hilft zu erkennen, wie du das Beste aus den schönen, einzigartigen Talenten und Fähigkeiten machen kannst, die er dir gegeben hat.

3. Heb dich von der Masse ab – sei nicht wie alle anderen

Gott liebt offensichtlich die Vielfalt, denn er hat uns alle unterschiedlich erschaffen, bis hin zu unseren einmaligen Fingerabdrücken. Du wirst das Leben nie lieben, wenn du es damit verbringst, wie andere Menschen zu sein. Es wird immer Menschen in deinem Leben geben, die wunderbare Vorbilder sind, denen du folgen kannst. Verliere jedoch deine eigene Identität nicht, indem du versuchst, genau wie sie zu sein. Erlaube deinen einzigartigen Persönlichkeitsmerkmalen, dich vom Rest der Masse abzuheben. Gott hat dich dazu erschaffen, anders zu sein – lass dich auf die Schönheit dieser Wahrheit ein.

Wenn alles gleich ist, dann ragt nichts heraus und strahlt. Gottes unendliche Vielfalt in ihren zahllosen Kombinationen bringt erstaunliche Schönheit hervor. Wenn ich draußen spazieren gehe, fällt mir die Vielfalt der Bäume, Pflanzen, Blumen, Gräser und sogar der Unkräuter auf. Sie alle sind besonders und einzigartig, und im Zusammenwirken mit allen anderen bringen sie eine wunderschöne Welt hervor, über die wir staunen können. Wenn alles genau gleich wäre, würde nichts herausragen und mir würde vielleicht gar nichts auffallen.

Wenn du diese drei praktischen Ideen auf dein Leben anwendest, bin ich mir sicher, dass es sowohl dein Selbstbild als auch deine persönlichen Beziehungen stärken wird. Vergiss nicht: Dich gibt es nur einmal, also geh hinaus und genieße das schöne, talentierte, einzigartige Du, das Gott erschaffen hat!

Nicht vergessen …

- Ein ausgezeichneter Weg, dein Leben zu lieben, ist es, dich in deiner Haut wohlzufühlen.
- Du musst nicht wie jemand anderes sein, um glücklich zu sein.

- Gott wusste genau, was er tat, als er deinen Geist, deine Seele und deinen Körper bis ins kleinste Detail formte. Er hat dir einzigartige Talente, eine schöne Persönlichkeit und einen individuellen Plan gegeben.
- Wir sind dazu erschaffen, uns sicher, selbstbewusst und mutig zu fühlen – das gehört zu unserem geistlichen Erbgut als wiedergeborene Christen.
- Du bist von deinem himmlischen Vater wertgeschätzt, angenommen und bedingungslos geliebt.

Gott kann uns getrennt von sich kein
Glück und keinen Frieden geben, denn
dort existiert es nicht. Es ist unmöglich.
– C. S. Lewis

Teil 3

Liebe andere Menschen, und du wirst dein Leben lieben

So gebe ich euch nun ein neues Gebot: Liebt einander. So wie ich euch geliebt habe, sollt auch ihr einander lieben.

Johannes 13,34

KAPITEL 16

Die Macht der Liebe

Liebe ist der Grund, weshalb sich die Reise lohnt.
– Franklin P. Jones zugeschriebenes Zitat.

Du kannst kein Leben führen, das du liebst, es sei denn, die Liebe ist das zentrale Thema deines Lebens. Das ist die Hauptannahme dieses Buches. Nur wenn die Liebe unser höchstes Ziel ist, werden wir einen wahren Sinn im Leben haben und unser Leben anhaltend genießen.

Ich sage das, weil Liebe die größte Macht der Welt ist. Die Bibel versichert uns, dass Gott Liebe ist. Wenn du also die Liebe zum Zentrum deines Lebens machst, räumst du Gott den höchsten Stellenwert in deinem Leben ein. In 1. Johannes 4,8 lesen wir sehr deutlich: *Wer aber nicht liebt, kennt Gott nicht – denn Gott ist Liebe.* Wer Gott kennen will, *muss* ein Leben in bedingungsloser Liebe führen.

Nun meine ich damit nicht romantische Liebe oder emotionale Liebe, die aus einem Hochgefühl heraus handelt. Ich spreche von einer *Entscheidung* zu lieben – Gott zu lieben, weil er dich zuerst geliebt hat; dich selbst zu lieben, weil du nach Gottes Ebenbild erschaffen wurdest; und andere zu lieben, auch wenn dir gerade nicht danach zumute ist. Das ist wahre Liebe, die in der Bibel »Agape« genannt wird. Es ist eine Liebe ohne Bedingungen.

Jeder kann Menschen lieben, die ihn gut behandeln. Es kostet keine Anstrengung, eine Kollegin zu lieben, die noch nie ein schlechtes Wort über dich gesagt hat. Es ist relativ leicht, einen Nachbarn zu lieben, dessen Garten immer gut gepflegt ist und der dir nie auf die Nerven geht. Das ist weniger Liebe als Wertschätzung – *Du bist nett zu mir, also bin ich auch nett zu dir.* Doch was ist mit der Person, die dich beleidigt hat? Mit dem Verwandten, der dich frustriert und dir auf die Nerven geht? Wie gehst du mit der Person um, die ein Gerücht über deine Familie in die Welt gesetzt hat? Ist Liebe das zentrale Thema deines Lebens, wenn es um diese Menschen geht?

Ich habe schon vor langer Zeit gelernt, dass ich nicht kontrollieren kann, was andere tun. Ich kann sie nicht dazu zwingen, sich auf eine bestimmte Art und Weise zu verhalten oder mich so zu behandeln, wie ich behandelt werden möchte. Es ist eine Tatsache, dass es immer Menschen geben wird, die unsere Gefühle verletzen, unsere Bedürfnisse übersehen oder es versäumen, uns freundlich und mitfühlend zu begegnen. Doch auch wenn ich nicht kontrollieren kann, wie sie sich mir gegenüber verhalten, gibt es etwas, auf das ich Einfluss habe …

… nämlich, wie ich auf sie reagiere!

Ich kann angesichts von Widerstand Liebe zeigen. Ich kann großzügig sein, selbst wenn die anderen sich egoistisch verhalten haben. Ich kann ein Kompliment machen, ermutigen oder Gebet anbieten, obwohl ich das Gefühl habe, dass die anderen es nicht verdienen. Und du kannst das auch! Du kannst ein Leben in Liebe führen, unabhängig davon, wie deine Mitmenschen handeln oder sich verhalten.

Andere zu lieben ist die Hauptzutat
für ein Leben, das wir lieben!

Wenn wir uns entscheiden, uns auf das zu konzentrieren, was wir tun können – jeden Tag Liebe zu zeigen –, und nicht auf das, was andere tun, beginnt etwas Erstaunliches. Statt durch das, was jemand gesagt oder getan hat, entmutigt und verärgert zu sein, sind wir mit Freude erfüllt, weil die Liebe unser Hauptanliegen ist. Je mehr wir andere lieben, umso glücklicher und erfüllter werden wir. Andere zu lieben ist die Hauptzutat für ein Leben, das wir lieben!

Lieben zu lernen macht Freude

So wie alles andere im Leben ist auch Liebe etwas, das wir lernen müssen. Es ist zwar ganz natürlich, dass wir unsere eigenen Kinder oder einen treu ergebenen Ehepartner lieben, doch andere zu lieben ist nicht immer so einfach. Es erfordert Übung und Entschlossenheit – es ist ein erlerntes Verhalten.

Lernen ist ein natürlicher Teil des Lebens. Jeder neue Tag bietet aufregende neue Möglichkeiten, etwas zu lernen, das wir bisher noch nicht wussten. Solange wir aufnahmebereit und offen sind, wird Gott uns immer Dinge lehren, die uns und anderen nützlich sind.

Ich studiere und lehre Gottes Wort nun seit vielen Jahren, doch ich lerne immer noch dazu. Es freut mich zu wissen, dass es auch so bleiben wird. Wie es in dem altbekannten Satz heißt: Gott ist noch nicht fertig mit mir! Und das, was Gott mir immer wieder über die Liebe zeigt, bereichert mich zutiefst. Ich befinde mich an einem Punkt in meinem Leben, an dem ich ehrlich sagen kann: »Herr, beseitige alles aus meinem Leben, das mich zurückhält. Bitte nimm alles fort, was mich davon abhält, in Liebe zu leben und echte Erfüllung zu finden.«

Ich hoffe, dass du dasselbe sagen kannst, denn ich weiß, wie tiefgreifend es dein Leben verändern wird. Wenn wir sagen: »Herr, bitte lehre mich, ein Leben in Liebe zu führen und mich daran zu freuen«, verändert sich unsere gesamte Lebensperspektive. Es ist, als ob jemand in einem dunklen Raum das Licht anschaltet. Wir beginnen, Dinge zu sehen, die wir vorher nicht sehen konnten. Die Liebe vertreibt die Finsternis aus unserem Leben.

Zu einem Leben in der Liebe gehören drei Komponenten:

1. Gott lieben

Das ist der wichtigste Aspekt der Liebe – Gottes Liebe anzunehmen und seine Liebe dann zu erwidern. In 5. Mose 6,5 heißt es: *»Ihr sollt den Herrn, euren Gott, von ganzem Herzen, von ganzer Seele und mit eurer ganzen Kraft lieben.«* Jesus wiederholt diese Anweisung im Neuen Testament und nennt sie sogar das wichtigste Gebot (neben dem, unseren Nächsten wie uns selbst zu lieben – dazu gleich mehr).

Ich werde oft gefragt: »Aber wie kann ich Gott lieben? Indem ich es ihm sage? Indem ich in die Kirche gehe? Indem ich Loblieder singe?« Das sind alles gute Dinge, doch sie sind nur der Anfang. Wir zeigen Gott unsere Liebe, indem wir ihm gehorchen. Immerhin sprechen Taten lauter als Worte. Jesus sagt es in Johannes 14,15 ganz deutlich: *»Wenn ihr mich liebt, werdet ihr meine Gebote halten.«*

Ich habe festgestellt, dass unser Gehorsam zunimmt, je mehr wir Gottes Liebe, Güte und Treue in unserem Leben kennenlernen und erleben. Unser Wunsch, Gottes Gebote zu befolgen und ihnen gehorsam zu sein, nimmt zu, je mehr wir ihn lieben.

2. Dich selbst lieben

Manchmal, wenn Menschen die Worte »sich selbst lieben« hören, finden sie das egoistisch. *Warum sollte ich mich selbst lieben? Ich will mich doch nicht nur um mich selbst drehen!* Oft begreifen sie einen wichtigen Punkt nicht: Man kann nichts verschenken, was man nicht hat. Wie kann jemand einen anderen Menschen lieben, wenn er sich selbst nicht liebt?

Als Jesus über das größte Gebot sprach, zitierte er 5. Mose 6,5 und sagte, dass wir Gott von ganzem Herzen lieben sollen, aber er sagte auch: »*Liebe deinen Nächsten wie dich selbst*« (Markus 12,31). Ist das nicht unglaublich? Obwohl du deine Fehler und Schwächen kennst, obwohl du weißt, dass du nicht perfekt bist, obwohl du hin und wieder von dir selbst enttäuscht bist, will Jesus, dass du lernst, dich zu lieben!

> Man kann nichts verschenken,
> was man nicht hat.

Ich möchte dir Mut machen, dich selbst zu akzeptieren und deine Persönlichkeit und sogar deine Unvollkommenheiten anzunehmen. Werde zu deinem eigenen besten Verbündeten und Freund. Vielleicht bist du noch nicht dort, wo du sein möchtest, aber du kommst voran. Jesus ist für dich gestorben, weil du Schwächen und Unvollkommenheiten hast; darum solltest du dich ihretwegen nicht ablehnen. Gott will, dass du dich selbst liebst und weiter daran arbeitest, der Mensch zu werden, als den er dich erschaffen hat.

3. Andere lieben

Oft stellen wir uns die Liebe zu anderen (besonders zu schwierigen Menschen) als etwas enorm Schweres vor. Doch ich habe eine gute Nachricht für dich: Es ist leichter, als du denkst. Wenn du zuerst lernst, Gott zu lieben, und dann, dich selbst zu lieben, ist die Liebe zu anderen ein natürliches Nebenprodukt. Es wird auf eine Art und Weise geschehen, die viel leichter ist, als du es für möglich gehalten hast. Genau genommen wird es eine große Freude sein, anderen mit Liebe zu begegnen! Ich weiß aus der Bibel (siehe Römer 12,21), dass wir Böses mit Gutem überwinden können. Ich glaube, das ist ein großes geistliches Geheimnis, und wenn wir es tun, bereichert es unser Leben mit enormer geistlicher Kraft. Wenn wir gut und freundlich zu den Menschen sein können, die gemein und unfreundlich zu uns sind, können wir auch fast alles andere tun, was wir im Leben tun müssen. Jesus hat es getan, und wenn wir es auch tun, sind wir ihm ähnlich.

In 1. Johannes 3,14 heißt es: *Wenn wir die anderen Gläubigen lieben, beweist dies, dass wir vom Tod zum ewigen Leben durchgebrochen sind.* »Leben« bezieht sich in diesem Vers auf Gottes Leben oder das Leben, wie Gott es hat.

Das Entscheidende, um das beste Leben zu führen, das Gott für uns bereithält, ist, andere zu lieben. Nur so kann Gottes Leben dauerhaft durch uns fließen. Gottes Liebe ist ein Geschenk an uns – sie ist in uns –, aber wir müssen diese Liebe durch unsere Worte und Taten auch an andere weitergeben. Wenn wir Gottes Liebe, die in uns ist, nicht aus uns herauslassen, wird sie abgestanden, wie ein Gewässer ohne Abfluss.

> Das Entscheidende, um das beste
> Leben zu führen, das Gott für uns
> bereithält, ist, andere zu lieben.

Ich muss dir sagen: Der einfache Akt der Nächstenliebe ist eines der schönsten Dinge, die ich erlebt habe. Wenn ich etwas plane, das ein Segen für jemand anderen sein soll, begeistert mich das! Es macht mir sehr viel Freude.

Du kannst die gleiche Begeisterung erleben. Ich habe eine Aufgabe für dich: Überleg dir zwei oder drei Personen, von denen du weißt, dass sie heute wirklich eine Geste der Liebe und Freundlichkeit gebrauchen könnten. Und nun überleg dir einige kreative Möglichkeiten, wie du diesen Personen gegenüber Gottes Liebe zum Ausdruck bringen kannst. Wenn du deinen Plan in die Tat umsetzt, wirst du anschließend ein Gefühl vollkommener Freude und Erfüllung verspüren, das kann ich dir garantieren!

Gott lieben, dich selbst lieben, andere lieben – wenn du in diesen drei Bereichen Liebe übst, wirst du staunen, was das bewirkt!

Mehr als Worte

Russell Herman war ein Tischler, der 1994 im Alter von 67 Jahren starb. Was ihn auszeichnete war das erstaunliche Erbe, das er hinterließ – über zwei Milliarden Dollar für die Stadt East St. Louis, weitere eineinhalb Milliarden Dollar für den Staat Illinois, zweieinhalb Milliarden für die amerikanischen Wälder und beeindruckende sechs Billionen Dollar an die US-Regierung zum Ausgleich des Staatsdefizits. Was für eine unglaubliche Großzügigkeit!

Allerding gab es ein kleines Problem – als er starb, war Russell Hermans einziger wertvoller Besitz ein 1983er Oldsmobile. Keine Millionen oder Milliarden, und schon gar keine Billionen! Herman machte unglaubliche Versprechungen und einige grandiose Ankündigungen, aber es war keine wahre Großzügigkeit, weil es sich nur um leere Versprechungen handelte.[19]

Wenn ich an diese Geschichte von Russell Herman denke, erinnert sie mich daran, dass Liebe mehr als nur Worte ist – Liebe ist Handeln. Es spielt keine Rolle, wie viel wir darüber reden, anderen Gutes zu tun, oder wie oft wir die Worte »Ich liebe dich« sagen. Das sind nur leere Versprechungen, wenn wir nicht aktiv Liebe leben – auf echte, spürbare, greifbare Art und Weise. C. S. Lewis schrieb einmal: »Vergeude keine Zeit damit, darüber nachzugrübeln, ob du deinen Nächsten ›liebst‹; handle so, als liebtest du ihn. Sobald wir das tun, stoßen wir auf eines der größten Geheimnisse. Wenn du dich so verhältst, als liebtest du jemanden, wirst du ihn tatsächlich lieben lernen.«[20] Das Entscheidende ist das Handeln!

> Liebe ist mehr als nur Worte –
> Liebe ist Handeln.

Das erinnert mich an Jakobus 2,14. Dort steht: *Liebe Brüder, was nützt es, wenn jemand von seinem Glauben spricht, aber nicht entsprechend handelt?* Und später sagt Jakobus ganz unverblümt, dass Glaube ohne Werke tot ist (siehe Jakobus 2,17). Ich denke, das Gleiche gilt für die Liebe. Was nützt es jemandem zu behaupten, er habe Liebe, wenn er sie nicht durch gute Werke zum Ausdruck bringt? Wenn wir wirklich ein Leben in Liebe führen wollen, ist es wichtig, dass wir nach Wegen Ausschau halten, diese Liebe aktiv unter Beweis zu stellen.

Die gute Nachricht ist: Das ist der angenehme Teil! Freundlich sein, Glück teilen, Liebe geben – das sind die Dinge, die jede schlechte Laune vertreiben und uns helfen können, das Leben wirklich zu genießen. Deswegen möchte ich dich heute ermutigen, aktiv zu werden:

- Überrasche einen Nachbarn mit einem selbstgemachten Dessert oder mähe seinen Rasen, wenn du deinen eigenen Rasen mähst.
- Führe deinen Ehepartner zu einem schönen Abendessen aus und sag ihm, wie sehr du seine harte Arbeit wertschätzt.
- Lade einen Kollegen zu einem Kaffee ein und erkundige dich, wie es ihm geht.
- Schicke einem Lehrer deines Kindes oder Enkelkindes eine ermutigende Nachricht und sag ihm, was für eine gute Arbeit er leistet.
- Biete dich freiwillig zum Babysitten bei Freunden an, damit sie mal Essen gehen können.

Es gibt unzählige Wege, den Menschen in deinem Leben mit Liebe zu begegnen, also fang heute an, diese Gelegenheiten zu nutzen. Sei kreativ; bring deine Liebe durch kleine oder große, einfache oder aufwendige Taten zum Ausdruck. Damit wirst du nicht nur ihnen etwas Gutes tun, sondern auch dir selbst! Es gehört zu dem Besten, was du tun kannst, um dein Leben wirklich zu genießen. Also warte nicht einen Augenblick länger – fang heute damit an!

Nicht vergessen …

- Du kannst kein Leben führen, das du liebst, wenn die Liebe nicht das zentrale Thema deines Lebens ist.
- Der wichtigste Aspekt der Liebe ist, Gottes Liebe anzunehmen und seine Liebe dann zu erwidern.
- Nimm dich und deine Persönlichkeit und sogar deine Unvollkommenheiten an. Vielleicht bist du noch nicht dort, wo du sein möchtest, aber du kommst voran. Genieße den Augenblick auf dem Weg zu deinem Ziel!
- Gottes Liebe ist ein Geschenk an uns – sie ist in uns –, aber wir müssen diese Liebe durch unsere Worte und Taten auch an andere weitergeben.
- Wenn wir wirklich ein Leben in Liebe führen wollen, ist es wichtig, dass wir nach Wegen Ausschau halten, diese Liebe aktiv unter Beweis zu stellen.

*[Christen] denken nicht, dass Gott uns
liebt, weil wir gut sind, sondern dass
Gott uns gut macht, weil er uns liebt.*
– C. S. Lewis

KAPITEL 17

Die richtige Umgebung

Mein bester Freund ist der, welcher das Beste in mir
zum Vorschein bringt.
— Henry Ford zugeschriebenes Zitat

Hattest du schon einmal ein Aquarium? Oder kennst du jemanden, der ein Aquarium hat? Ich frage das, weil ein Freund von mir ein Fisch-Fan ist – er liebt sein Aquarium! Aber ich rede hier nicht von einem kleinen Vier-Liter-Goldfischglas auf dem Schreibtisch. Das kleinste Aquarium, das er je hatte, fasste 200 Liter!

Es ist sehr interessant, ihn darüber sprechen zu hören, wie viel Zeit er in die Pflege seiner Fische und seines Aquariums investiert. Viele denken sicher, man kann einfach Wasser ins Aquarium kippen, dann ein paar Fische kaufen, und los geht's. Doch so funktioniert das nicht. Für ein gut funktionierendes Aquarium und um die Fische am Leben zu erhalten, muss man mit viel Einsatz den richtigen Lebensraum entwickeln. Man braucht Filter in der richtigen Größe, muss die richtige chemische Balance im Wasser aufrechterhalten, darf nur bestimmte Fische zusammen halten, muss die richtige Art und Menge an Futter verwenden... Es gehört wirklich viel dazu!

Ich weiß nicht, ob ich dazu geschaffen bin, ein Fisch-Fan zu sein, aber ich kenne viele Menschen, die es sind. Ob es ein Salz- oder Süßwasseraquarium ist, sie lieben es, die richtige Umgebung aufzubauen, um sich an gesunden Fischen erfreuen zu können.

Ich glaube, unser Leben ähnelt in mancherlei Hinsicht solchen Aquarien. Um gesund bleiben zu können (an Geist, Seele und Körper), ist es wichtig, dass wir ein sicheres, sauberes, förderliches Umfeld um uns herum aufbauen. Du wirst dein Leben nie lieben, wenn du in schmutzigem Wasser schwimmst. Darum ist es wichtig, dass du die richtige Umgebung für dein Leben aufbaust.

Es spielt durchaus eine Rolle, womit du dich umgibst. Wenn du dein Leben mit Ablenkungen, negativen Gedanken, schlechten Einflüssen und kaputten Beziehungen füllst, wird es dir unmöglich sein, auch nur einen Teil deines Tages zu genießen. Stattdessen wirst du der ungesunden Umgebung erliegen und selbst ungesund werden. Das ist nicht das, was Gott für dein Leben will. Er möchte dich aufblühen und gedeihen sehen. Wenn du ihn lässt, wird er dir helfen, dich mit ermutigenden, lebensspendenden Einflüssen zu umgeben, die dir an jedem Tag deines Lebens Freude und Glück bringen werden.

Ich könnte wahrscheinlich ein ganzes Buch darüber schreiben, wie man die richtige Lebensumgebung aufbaut und sich mit gottgefälligen Einflüssen umgibt. In diesem Kapitel möchte ich mich jedoch auf drei Dinge konzentrieren.

Bau dein Leben auf Gottes Wort auf

Falls du schon einmal einen Vortrag von mir gehört oder eines meiner Bücher gelesen hast, weißt du bereits, dass ich fest an die Kraft von Gottes Wort glaube. Die Bibel lehrt uns: Wenn wir unser Haus auf Felsen bauen, wird es jedem Sturm des Lebens standhalten (siehe Matthäus 7,24-27).

Es gibt keinen besseren Einfluss auf dein Leben als Gottes Wort – es ist angefüllt mit seinen Verheißungen, Anweisungen und Liebeserklärungen an dich. Das Wichtigste ist, dass du die Bibel zum zentralen Fundament deines Lebens machst. Ich kann ohne Zögern sagen, dass du lernen musst, Gottes Wort zu lieben, wenn du dein Leben lieben willst.

> Wenn du dein Leben lieben willst,
> musst du Gottes Wort lieben.

In Jeremia 15,16 heißt es:

Deine Worte sind mein Leben. Ich freue mich von Herzen, wenn du mit mir redest, denn ich gehöre ja dir, Herr, du Allmächtiger.

Der Prophet Jeremia sagt geradeheraus: Er fand Freude daran, sich mit Gottes Wort zu »füllen«!
Psalm 19,9 erklärt:

Die Gebote des Herrn sind richtig und erfreuen das Herz. Die Vorschriften des Herrn sind klar und schenken Einsicht.

Der Psalmist David nennt uns »glücklich« (gesegnet, beneidenswert), wenn wir mit Gottes Wort leben und unser Verhalten daran ausrichten (siehe Psalm 119,1).

Es gibt viele Bibelstellen, die Freude mit dem Studium von Gottes Wort verbinden. Ich weiß ganz sicher, dass ich mein Leben nicht genoss oder liebte, bevor ich anfing, mich intensiv mit der Bibel zu beschäftigen. Die Bibel zu studieren kann nach einer einschüchternden Aufgabe aussehen, doch wenn du damit anfängst und täglich dranbleibst, wirst du selbst sehen, was es bewirkt. Du musst nicht jeden Tag stundenlang studieren, aber wenn du dir regelmäßig etwas Zeit dafür nimmst, wirst du am Ende überrascht sein, wie viel du weißt und wie es dein Leben zum Besseren verändert hat.

Ich studiere die Bibel seit über 40 Jahren, und sie hat mein Leben völlig umgekrempelt. Ich habe so viel gelernt – allerdings nicht auf Anhieb. Es bedurfte einer bewussten Entscheidung, mich mit Gottes Wort zu umgeben. Wenn du willst, dass sich Bereiche deines Lebens ändern, dann lerne, dich wirklich intensiv mit der Bibel auseinanderzusetzen, und du wirst erstaunt sein, was das in deiner Familie, deinen Finanzen, deinen Beziehungen, deinen Gefühlen bewirkt ... in jedem Teil dessen, wer du bist.

Die Bibel ist *der* Bestseller der Menschheitsgeschichte, aber sie ist kein gewöhnliches Buch. Die Worte auf ihren Seiten sind Leben für deine Seele. Sprüche 4,20-22 sagt es so:

> *Mein Sohn, achte auf das, was ich dir sage. Höre meinen Worten gut zu. Vergiss sie nicht, sondern bewahre sie tief in deinem Herzen, denn sie schenken jedem, der ihren Sinn versteht, Leben und Gesundheit.*

Die Bibel ist Gottes Wort, das dir direkt gegeben wurde! Und wenn du dein Leben um dieses Wort herum aufbaust, wirst du anfangen, Veränderungen zu erleben, die nur seine Wahrheit bewirken kann. Die gute Nachricht ist: Es wird keine dreißig Jahre dauern, bis du weißt, was du wissen musst. Fang einfach da an, wo du gerade bist, und fasse den festen Entschluss, immer weiterzumachen. Jedes Mal, wenn du die Bibel studierst und aufmerksam auf das achtest, was du liest, verändert sich dein Leben.

Das Wort »achten« im obigen Bibelvers (Sprüche 4,20-22) bedeutet »aufpassen« oder einer Sache »Zeit widmen«. Auf Gottes Wort zu »achten« heißt mehr, als es nur zu lesen. Es bedeutet, dass du darüber nachsinnst. Du lässt die gedruckten Worte in deinen Geist eindringen. Dabei musst du nicht durch einen täglichen Bibelleseplan hetzen. Es ist nicht wichtig, eine geistliche To-Do-Liste abzuhaken und zu denken: *Okay, heute habe ich soundso viele Kapitel gelesen oder soundso viele Wörter – ich habe meine geistliche Pflicht erfüllt.* Nein, der beste Weg, dein Leben um die Bibel herum aufzubauen, ist, dass du dich hinsetzt und Gott bittest, dir heute etwas durch sein Wort zu zeigen. Nachdem du ein Weilchen gelesen hast, überflieg noch einmal das Gelesene und notiere dir einige Dinge, die dich interessieren oder die du gelernt hast. Es ist erstaunlich, wie viele verschiedene Lektionen in nur einem Kapitel der Bibel stecken!

Wenn du »Kraftpillen« kaufen könntest, die dir jeden Tag Kraft zum Leben geben, würdest du sie so schnell wie möglich bestellen und sie gewissenhaft einmal täglich einnehmen? Natürlich würdest du das tun, und ich auch. Und weißt du was? Gottes Worte sind »Kraftpillen«! Lies einmal, was im Hebräerbrief steht:

Das Wort Gottes ist lebendig und wirksam.

Hebräer 4,12

Ich möchte dich ermutigen, jeden Tag eine halbe Stunde Gottes Wort zu studieren, und ich glaube, nach einer Weile wirst du sagen können, dass es dein Leben verändert hat!

Umgib dich mit den richtigen Freunden

Freundschaft ist etwas Wunderbares. Wenn du dich mit den richtigen Menschen umgibst, können diese deine Lebensqualität verbessern und es zu einem Leben machen, das du ohne Weiteres lieben kannst. Gute Freundschaften und gesunde Beziehungen können jeden Tag viel bewirken – sie können das Leben zu einer Freude machen.

Eine britische Zeitschrift schrieb einmal einen Preis für die beste Definition von »Freund« aus. Unter den Tausenden eingegangenen Antworten waren auch die folgenden:

- »Ein Freund ist jemand, der Freude vervielfacht, Trauer teilt, und dessen Ehrlichkeit unantastbar ist.«
- »Ein Freund ist jemand, der unser Schweigen versteht.«
- »Ein Freund ist eine in Leinen gebundene Dosis an Mitgefühl.«

* »Ein Freund ist wie eine Uhr, die immer richtig geht und nie stehenbleibt.«

Die Gewinnerdefinition lautete: »Ein Freund ist derjenige, der kommt, wenn die ganze Welt gegangen ist.«[21]

Das alles sind wunderbare Definitionen, was ein positiver, gottesfürchtiger, ermutigender Freund in deinem Leben sein kann (und sollte)!

Leider bringen nicht alle Menschen, denen wir täglich begegnen, diese Art von Freude und Verständnis in unser Leben. Wenn wir ehrlich sind, stellen wir fest, dass viele Menschen uns das Leben eher schwermachen als alles andere. Manche beklagen sich ständig, neigen zu Klatsch und Tratsch oder haben eine negative Sicht aufs Leben. Das heißt nicht, dass sie böse oder schlecht sind, aber es bedeutet, dass sie vielleicht schlecht für dich sind. Es ist nicht gesund, sich mit Menschen zu umgeben, die einen ständig »runterziehen«.

Ich habe schon vor langer Zeit gelernt, dass ich mir ein Umfeld aufbauen muss, in dem ich Kontakt zu positiven, hoffnungsvollen Menschen habe. Meine Freunde üben eine Wirkung auf mich aus und das Gleiche gilt für dich. Wir sollten freundlich zu jedem sein, dem wir begegnen. Die Weisheit sagt uns jedoch, dass wir bei den Menschen, mit denen wir regelmäßig zu tun haben, Vorsicht walten lassen sollten. Damit will ich nicht sagen, dass du anderen gegenüber zurückhaltend oder skeptisch sein solltest. Ich möchte dich nur ermutigen, Gott um Weisheit zu bitten, wenn du enge, persönliche Freundschaften schließt. Ich bitte Gott um das, was ich »göttliche Verbindungen« nenne: dass er mich mit Menschen in Kontakt bringt, von denen er weiß, dass sie gut für mich sein werden.

Bitte Gott darum, dir Weisheit
zu schenken, wenn du enge,
persönliche Freundschaften
schließt.

Wir sind nicht dazu bestimmt, allein durchs Leben zu gehen. Beziehungen sind wichtig. Umgib dich mit Menschen, die dich ermutigen und Gott nachfolgen. Das ist von großer Bedeutung für ein Leben, das du lieben kannst. Helen Keller sagte: »Ich möchte lieber mit einem Freund in der Dunkelheit gehen als allein im Licht.«[22] In der Bibel sehen wir, dass Philemon einen Mentor hatte (Paulus); David hatte eine Gruppe von Freunden, die man als die »Helden Davids« bezeichnete; und selbst Jesus umgab sich mit seinen Jüngern. Freundschaften und Beziehungen sind ein sehr biblischer Gedanke – achte nur darauf, dass du ein Umfeld pflegst, das auf gesunden, lebensspendenden Beziehungen aufgebaut ist.

Wenn es in deiner eigenen Familie oder an deinem Arbeitsplatz Menschen gibt, die nicht nach Gottes Grundsätzen leben und dich und andere nicht ermutigen, kannst du dich vielleicht nicht von ihnen fernhalten. In diesem Fall ist es besonders wichtig, dass du viele Freunde und Bekannte hast, von denen du die liebevolle Fürsorge erhältst, die du zu Hause oder bei der Arbeit nicht bekommst. Wenn du ein oder zwei negative Einflüsse in deinem Leben hast, aber zehn positive, werden die positiven gewinnen!

Wähle sorgfältig aus, was dich beeinflussen darf

Es gibt einen alten Spruch, der auf die allererste Zeit der Computerprogrammierung zurückgeht: *Garbage in, garbage out* (»Müll rein, Müll raus«). Das sollte beschreiben, wie ein Computer auf die Programmierung reagieren würde. Wenn man schlechte Informationen eingab, würde man schlechte Ergebnisse erhalten, und umgekehrt: Wenn man ein gutes Programm schrieb, würde der Computer wunderbar funktionieren.

Das Gleiche gilt für unser Leben. Was wir in unseren Geist aufnehmen, wird sich immer auf unsere Lebensweise auswirken. Worüber wir nachdenken, was wir uns anhören, was wir lesen und anschauen – all diese Einflüsse spielen eine Rolle. Sie werden uns entweder helfen, in Gottes Plan voranzugehen, oder sie werden uns in Niederlagen und Frustration hineinziehen. Die gute Nachricht ist: Wir können uns aussuchen, was uns beeinflusst! Vielleicht können wir uns nicht jedes Gespräch aussuchen, das wir zufällig mitbekommen, oder jeden Medienbeitrag, mit dem wir bombardiert werden; allerdings *können* wir uns aussuchen, welchen Dingen wir Einfluss in unserem Herzen gewähren.

Sprüche 4,23 sagt es so: *Vor allem aber behüte dein Herz, denn dein Herz beeinflusst dein ganzes Leben.*

Um unser Leben zu lieben und in Gottes Plan voranzukommen, müssen wir unser Herz behüten. Wir müssen es vor den bitteren, zerstörerischen Einflüssen der Welt schützen und es stattdessen mit positiven, lebensspendenden Dingen füllen. Als engste Bekannte wähle ich bewusst Menschen aus, mit denen ich gut zurechtkomme, die ermutigend und positiv sind und sich um einen gottgefälligen Charakter bemühen. Das hilft mir, mein Herz zu schützen. Und so kannst du heute dein Herz schützen:

- Beginne jeden Tag damit, Zeit mit Gott im Gebet zu verbringen. Bitte ihn um Weisheit und Einsicht für das, wovon du an diesem Tag dein Herz beeinflussen lässt.
- Schalte alle Medien aus (Fernsehen, Radio, Streamingdienste etc.), die dir Nachrichten vermitteln, die dem Wort Gottes entgegengerichtet sind. Erlaube der Welt nicht, deine Seele mit Müll zu füllen.
- Höre dir tagsüber Lobpreis- und Anbetungsmusik oder gute Predigten an. Das ist ein unkomplizierter Weg, deinen Geist zu ermutigen, selbst während du mit anderen Dingen beschäftigt bist. Du kannst Anbetungsmusik hören, die Gott verherrlicht, während du deinen Wocheneinkauf erledigst, während du darauf wartest, dass die Kinder mit ihrem Fußballtraining fertig sind, während deiner Mittagspause …

sozusagen fast immer! Es gibt heutzutage so viele großartige Möglichkeiten, christliche Musik zu bekommen und darauf zuzugreifen – viel leichter als zu Walkman-Zeiten (ich kann dir gar nicht sagen, wie viele Kassetten ich mit dem Gerät ausgeleiert habe!)

• Trenne dich von allen sozialen Medien, die dich wütend machen, frustrieren oder Bitterkeit hervorrufen. In unserem digitalen Zeitalter gibt es so viele Optionen für soziale Medien, und sie können natürlich für gute Dinge eingesetzt werden. (In meiner Organisation setzen mein Team und ich oft soziale Medien ein, um Menschen mit Gottes Wort zu ermutigen.) Doch wie du wahrscheinlich weißt, sind viele soziale Medien ungesund. Ob es Menschen sind, die sich über ihr Leben beklagen, andere kritisieren oder einfach verletzende Dinge sagen – soziale Medien können in vielerlei Hinsicht ein schlechter Einfluss sein. Lass dir von diesen ungesunden Einflüssen nicht deine Sicht aufs Leben versauern. Wenn du dich gern mit sozialen Medien befasst, achte darauf, dort fröhliche Freunde zu finden, die dir guttun und dein Leben wertvoller machen, statt solche, die deine Zeit verschwenden und dir die Freude aussaugen.

> Um unser Leben zu lieben und
> in Gottes Plan voranzukommen,
> müssen wir unser Herz behüten.

Während du heute durch den Tag gehst, achte einmal bewusst auf deine Umgebung – das Aquarium deines Lebens. Ist dein »Aquarium« sauber? Ist dein »Wasser« gesund? Bist du mit »Fischen« unterwegs, die zu dir passen? Wenn du Gott bittest, dir zu helfen, die sicherste, gesündeste Umgebung für dein Leben zu bekommen, wird er das tun! Er will das Beste für dich, und es macht ihm große Freude, dich mit dem Besten zu umgeben. Wenn du ihm folgst und nach seinem Willen fragst, wird er dir helfen, aus seinem Wort zu lernen. Er wird dir die richtigen Freunde über den Weg schicken und dir die besten Dinge zeigen, die deinen Geist ermutigen. Möglicherweise ist das Beste, das du jetzt für dich tun kannst, dir ein paar neue Freunde zu suchen!

Nicht vergessen ...

- Um gesund zu bleiben (an Geist, Seele und Körper), ist es wichtig, dass du dir ein sicheres, sauberes, unterstützendes Umfeld schaffst.
- Es gibt keinen besseren Einfluss auf dein Leben als Gottes Wort – es ist angefüllt mit seinen Verheißungen, Anweisungen und Liebeserklärungen an dich.
- Wenn du dich mit den richtigen Menschen umgibst, können sie es dir viel leichter machen, dein Leben zu lieben.
- Was wir in unseren Geist aufnehmen, wird sich immer auf unsere Lebensweise auswirken. Worüber wir nachdenken, was wir uns anhören, was wir lesen und anschauen – all diese Einflüsse spielen eine Rolle.

Verändere dein Denken,
und du kannst deine Welt verändern.
– Norman Vincent Peale

KAPITEL 18

Freude an Beziehungen

Du kannst über einen Menschen in einer Stunde des Spiels mehr erfahren als in einem Jahr voller Gespräche.

– Platon zugeschriebenes Zitat

Ist dir schon einmal aufgefallen, dass, je näher du an etwas dran bist, es umso leichter seinen Glanz verliert? Wir müssen sehr darauf achten nicht zuzulassen, dass das Außergewöhnliche gewöhnlich wird.

Ein Beispiel: Als du das erste Mal am Meer warst, hast du wahrscheinlich über die Schönheit der tosenden Wellen gestaunt. Der Wind in deinem Haar und die Sonne auf deinem Gesicht fühlten sich so gut an! Vielleicht dachtest du: *Das ist der beste Ort auf der ganzen Welt.* Doch wenn du nah am Meer wohnst, kann es sein, dass es einfach zu einem Ort wie jedem anderen wird. Je öfter du am Strand sitzt, umso gewöhnlicher wird er für dich. Ich kenne Menschen, die in Küstenstädten wohnen und die nicht einmal mehr an den Strand gehen.

Oder wie ist es mit der Majestät der Berge? Wenn du in einem Gebirgsort Urlaub machst, bist du vielleicht absolut sprachlos über die schönen Berge, die Gott erschaffen hat. Wahrscheinlich gehst du in den Bergen wandern, machst Höhlenführungen mit und schießt Hunderte Selfies mit den Bergen im Hintergrund. Aber wenn du dort lebst, kann es leicht passieren, dass du dieses Gefühl der Ehrfurcht verlierst. Vielleicht fängst du sogar an, dich über das unebene Terrain oder die verschneiten Winter zu beschweren.

Ruhe und Frieden sind noch etwas, für das wir die Wertschätzung verlieren können. Wenn man aus einer hektischen Großstadt in eine hübsche, ruhige Kleinstadt zieht, gefällt einem das anfangs vielleicht. *Ah, wie schön. Es ist so friedlich hier. So lässt es sich leben!* Doch häufig wird genau aus dem »ruhigen Leben«, das einem zunächst gut gefiel, ein langweiliges. Man bekommt Besuch von Freunden oder Verwandten, und sie sagen: »Herrlich, wie ruhig es hier ist!«, während man selbst denkt: *Im Ernst? Ich wünschte, hier gäbe es mehr, was man unternehmen kann. Hier macht doch alles spätestens um 21 Uhr zu.*

Ob Meer, Berge, Kleinstadt oder irgendetwas anderes: Wir können leicht vergessen, wie gut wir es haben.

Das Gleiche gilt für Beziehungen. Es passiert sehr häufig, dass Menschen das vergessen, was sie an ihren Beziehungen einst so sehr geschätzt und genossen haben. Die Ehe, die Freundschaft, die Familienmitglieder, für die man früher so dankbar war, können über die Jahre »gewöhnlich« werden. Früher dachte man: *Es ist wirklich ein Segen, sie/ihn in meinem Leben zu haben!* Aber heute nimmt man die anderen vielleicht als selbstverständlich hin, einfach weil man sich daran gewöhnt hat, sie im Leben zu haben.

Doch um dein Leben zu lieben, ist es wichtig, dass du dich an den Menschen, die Gott dir geschenkt hat, freust, sie wertschätzt und dankbar für sie bist. Um meinen Dienst tun zu können, bin ich auf viele Menschen angewiesen, die mich auf unterschiedliche Weise unterstützen. Oft, wenn ich meinen Morgenspaziergang mache, danke ich Gott für sie, besonders für die Menschen, die mich schon lange unterstützen. Ich will keinen als selbstverständlich hinnehmen, weil ich nicht will, dass andere mich als selbstverständlich hinnehmen. Es tut weh, wenn sie es tun, und ich möchte bei niemandem der Anlass für solche Gefühle sein. Gott für sie zu danken ist meine Art und Weise, nicht zuzulassen, dass ihr außergewöhnliches Engagement gewöhnlich für mich wird.

Es ist wichtig, dass du dich an den Menschen,
die Gott dir geschenkt hat, freust,
sie wertschätzt und dankbar für sie bist.

Und genau das will Gott für dich – die guten Beziehungen, die du hast, sind Geschenke von ihm, und er möchte, dass du das nie vergisst.

Schau dir einmal die folgenden drei Bibelverse an, die über Beziehungen sprechen:

Dann sprach Gott, der Herr: »Es ist nicht gut für den Menschen allein zu sein. Ich will ihm ein Wesen schaffen, das zu ihm passt.«

1. Mose 2,18

Gott, der diese Geduld und Ermutigung schenkt, soll euch helfen, eins zu sein und in Frieden miteinander zu leben. Geht miteinander so um, wie es Christus vorgelebt hat.

Römer 15,5

Zwei haben es besser als einer allein: Zusammen erhalten sie mehr Lohn für ihre Mühe. Wenn sie hinfallen, kann einer dem anderen aufhelfen. Doch wie schlecht ist der dran, der allein ist und fällt, und keiner ist da, der ihm beim Aufstehen hilft!

Prediger 4,9-10

Diese Verse zeigen uns, dass wir dazu geschaffen sind, in gesunder Gemeinschaft miteinander zu leben. Gott ist ein Gott der Beziehungen, und er möchte, dass wir die Kraft und Freude entdecken (und wiederentdecken), die mit starken Beziehungen einhergehen. Ganz gleich ob es sich um eine Ehe, eine Freundschaft oder Familienbeziehungen handelt – du kannst Freude in deinem Leben ernten, indem du dich daran erinnerst, wie wertvoll die besonderen Menschen in deinem Leben sind!

Wertschätzung neu entdecken

Zu den größten Gefahren für eine Ehe gehört, dass zwei Menschen einander für selbstverständlich hinnehmen und ihre Wertschätzung füreinander verlieren. Es ist eine der größten Fallen, die zu einer Scheidung führen kann. Aus: *Ich liebe dich! Ich kann ohne dich nicht leben!* und: *Du bist ein Segen für mich!*, kann *Heb deine Socken auf! Musst du so laut kauen? Du musst offensiver sein!* und Hunderte anderer Dinge werden, über die wir uns beschweren, sobald eine Beziehung nicht mehr den Wert für uns hat, den sie haben sollte. Das geschieht ziemlich häufig, und es ist sehr traurig zu sehen.

Aber eine Ehe ist nicht die einzige Beziehung, in der das passiert. Wir können unsere Freunde und Kollegen als selbstverständlich betrachten, unsere Geschwister und Vorgesetzten – die Liste ließe sich beliebig fortsetzen. Doch wenn du Beziehungen haben willst, die sich gut entwickeln und dein Leben bereichern, dann ist heute der Tag, an dem du deine Wertschätzung für diese Menschen wiederentdecken solltest. Heute ist der Tag, an dem du dich weigern kannst, sie für selbstverständlich zu halten.

Dankbarkeit ist ein sehr biblisches Prinzip. In 1. Thessalonicher 5,18 heißt es:

Was immer auch geschieht, seid dankbar, denn das ist Gottes Wille für euch, die ihr Christus Jesus gehört.

Wenn der Apostel Paulus mit seinen Mitarbeitern sprach, sagte er, dass er jedes Mal, wenn er betete, Gott für sie dankte (siehe Philipper 1,3-5). Offenbar kannte Paulus den Wert der besonderen Menschen in seinem Leben, und wir sollten seinem Beispiel folgen!

Dankbarkeit macht nicht nur deine Beziehungen besser, sondern auch dich! Wenn du dankbar für die Menschen in deinem Leben bist, die in deinem Alltag ein Segen für dich sind, wird dein Herz froh und deine Beziehungen stärker. Vermeide die Falle, sie als selbstverständlich zu betrachten – das führt zu langweiligen, faden, ungesunden Beziehungen. Sei stattdessen dankbar und bring diese Dankbarkeit immer wieder zum Ausdruck.

> Dankbarkeit macht nicht nur
> deine Beziehungen besser,
> sondern auch dich!

Etwas, das uns davon abhält, unser Leben zu lieben, ist, das Außergewöhnliche gewöhnlich werden zu lassen, oder schlimmer: anzufangen, uns über die Dinge zu beklagen, für die wir einmal dankbar waren.

Eine dienende Herzenshaltung wiederentdecken

Wenn du eine Beziehung verbessern willst, fang an, der betreffenden Person zu dienen. Halte nach Möglichkeiten Ausschau, ihre Bedürfnisse zu stillen. Finde heraus, wie du ihren Tag erleichtern kannst. Plane Dinge, von denen du weißt, dass sie *der anderen Person* gefallen, selbst wenn es nicht deine Lieblingsaktivität ist. Das macht eine dienende Herzenshaltung aus und ist ein entscheidender Faktor, um die Freude in deiner Beziehung wiederzuentdecken. Wenn du siehst, wie der andere staunt, weil du dich wirklich bemühst, *ihm* etwas Gutes zu tun, wird dir das automatisch auch selbst guttun!

Johannes 13,5 ist einer der erstaunlichsten, überwältigendsten Bibelverse.

Dort heißt es:

[Jesus] goss Wasser in eine Schale. Dann begann er, seinen Jüngern die Füße zu waschen und sie mit dem Handtuch abzutrocknen, das er sich umgebunden hatte.

Was für eine unglaubliche Szene. Jesus, der Sohn Gottes selbst, diente seinen Jüngern, indem er ihnen die Füße wusch. Wenn man darüber nachdenkt, war alles an Jesu Wirken auf dieser Erde ein Dienst an den Menschen, der seiner großen Liebe zu ihnen entsprang. Jesus betrachtete nie irgendjemanden als selbstverständlich. Paulus schrieb in Philipper 2,7: *[Jesus] verzichtete auf alles; er nahm die niedrige Stellung eines Dieners an und wurde als Mensch geboren und als solcher erkannt.*

Ich glaube, du und ich sollten heute dem Beispiel Jesu folgen, denn immer, wenn wir das tun, geschieht Gutes. Wenn du wirklich dein Leben lieben willst, dann folge dem Vorbild, das Jesus, der Geber des Lebens, uns allen gegeben hat. Statt zu warten, dass jemand anderes dich glücklich macht oder deine Bedürfnisse stillt, frage Gott, wie du andere glücklich machen und ihre Bedürfnisse stillen kannst. Ich glaube, der einzige Weg, wie wir vermeiden können, in eine habsüchtige und undankbare Haltung hineinzurutschen, ist, offensiv das zu tun, was Jesus uns aufgetragen hat.

Frage Gott, wie du andere
glücklich machen und ihre
Bedürfnisse stillen kannst.

Die Freude an deiner Errettung wiederentdecken

Jeder von uns hat unterschiedliche Beziehungen im Leben, doch die wichtigste von allen ist für alle Zeiten die Beziehung zu Gott. Deine Beziehung zu ihm ist die Grundlage für jede andere deiner Beziehungen. Darum ist meiner Meinung nach das Beste, was du tun kannst, um deine Beziehung zu anderen zu verbessern, nah bei Gott zu bleiben und ihn mehr zu lieben als alles andere und jeden anderen.

Weißt du noch, was Jesus antwortete, als man ihn nach dem wichtigsten Gebot fragte? Markus 12,30-31 berichtet uns:

»... *du sollst den Herrn, deinen Gott, von ganzem Herzen, von ganzer Seele, mit all deinen Gedanken und all deiner Kraft lieben.*« *Das zweite ist ebenso wichtig:* »*Liebe deinen Nächsten wie dich selbst.*«

Ich glaube, die Reihenfolge ist hier sehr wichtig – zuerst lieben wir Gott, und das verleiht uns die Fähigkeit, andere zu lieben.

So wie wir andere Menschen leicht als selbstverständlich betrachten, kann es uns auch mit Gott ergehen. Manchmal werden wir derart bequem in unserer Beziehung zu ihm (besonders, wenn wir schon eine Weile Christ sind), dass wir aufhören, sie weiterzuentwickeln. Wir beten weniger, das Bibelstudium gerät zur Nebensächlichkeit, und wir hören auf, ihm für seine Segnungen zu danken. Ich möchte dich heute ermutigen, diese Falle zu vermeiden. Nimm dir einen Augenblick Zeit und denke an alles, was Gott für dich getan hat: Er hat dich errettet; er hat dich befreit; er hat dich durch Situationen gebracht, von denen du nie gedacht hättest, dass du sie überstehst; und er liebt dich bedingungslos.

Er hat für dich einen Platz im Himmel vorbereitet, wo du in aller Ewigkeit in seiner Gegenwart leben wirst. Nimm ihn oder seine Segnungen nie als selbstverständlich hin. Bitte ihn heute, dir neue Freude an deiner Errettung zu schenken, wenn du den Eindruck hast, dass das nötig ist. Warte nicht darauf, dass dich ein magisches Gefühl überkommt, sondern erinnere dich aktiv an und danke ihm für die wichtigste Beziehung, die du hast – deine Beziehung zu Gott durch Jesus Christus!

Die wichtigsten (und unwichtigsten) Worte

In jeder Beziehung – zu Gott, unserem Ehepartner, unseren Kindern, unseren Freunden oder unseren Kollegen – sind die Worte, die wir aussprechen, wichtig. Das gilt nicht nur für Beziehungen, sondern für jeden Bereich unseres Lebens. Was wir sagen, hat enormes Gewicht. Darum möchte ich in diesem Kapitel eine letzte Bemerkung über das Wiederentdecken der Freude an Beziehungen machen.

Wir haben darüber nachgedacht, wie wichtig es ist, den Menschen in unserem Leben zu zeigen, wie sehr wir sie schätzen. Wir wurden daran erinnert, andere nicht als selbstverständlich zu betrachten, und natürlich haben wir über die wichtigste Beziehung von allen geredet – unsere Beziehung zu Gott. Doch bevor wir weitergehen, möchte ich dich ermutigen, den Menschen in deinem Umfeld zu sagen, wie viel sie dir bedeuten. Vor zwei Tagen sagte Dave mir, wie stolz er auf mich ist! Dann nannte er mehrere Dinge, die ich tue und für die er wirklich dankbar ist. Das hat Dave nicht zum ersten Mal getan, aber ich werde nie müde, es zu hören. Zögere nicht, deine Wertschätzung mit einer kleinen Notiz, einer Sprachnachricht, einem Brief, einer Karte oder einem Anruf zu zeigen – und besser noch, tu es persönlich, wenn das möglich ist. An diese Worte wird sich der andere noch lange, lange erinnern, und sie werden deine Verbindung zu ihm jedes Mal stärken, wenn du so etwas tust.

Ganz gleich wie du mit den Menschen kommunizierst, die dir am nächsten stehen: Ich möchte dir etwas mitgeben, was ich von einem unbekannten Verfasser gefunden habe. Es geht um die wichtigsten (und unwichtigsten) Worte, die du sagen kannst:

*In jeder Beziehung sind die **sechs** wichtigsten Worte,*
die du sagen kannst:
»Ich gebe zu, das war falsch.«

*Die **fünf** wichtigsten Worte sind:*
»Das hast du gut gemacht.«

*Die **vier** wichtigsten Worte:*
»Was denkst du darüber?«

*Die **drei** wichtigsten Worte:*
»Bitte nach dir.«

*Die **zwei** wichtigsten Worte:*
»Danke dir.«

*Das **eine** wichtigste Wort ist:*
»Wir.«

*Und das **unwichtigste** Wort lautet:*
»Ich.«

Sicher fallen dir noch andere Worte ein, aber diese hier sind ein guter Anfang. Also geh heute los und probiere sie aus! Teile dein Herz und deine Worte mit jemandem, der dir wichtig ist, und du wirst sehen, wie sein Gesicht dankbar aufleuchtet. Wenn du das tust, wird es dir helfen, die Freude an dieser Beziehung wiederzuentdecken. Es wird auch deine Fähigkeit, das Leben zu lieben, das Gott dir geschenkt hat, deutlich steigern.

Nicht vergessen …

- Bete jeden Tag beim Aufwachen: »Gott, vielen Dank für [diesen besonderen Menschen in meinem Leben]. Ich freue mich so sehr über die Beziehung zu ihm/ihr!« Das wird dir helfen zu vermeiden, dass dir die Freude und das Staunen in dieser Beziehung abhandenkommen.
- Wenn du eine Beziehung verbessern willst, fang an, der betreffenden Person zu dienen. Halte nach Möglichkeiten Ausschau, ihre Bedürfnisse zu stillen.
- Deine Beziehung zu Gott ist die Grundlage für jede andere Beziehung, die du hast.
- Nimm dir einen Augenblick Zeit und denke an alles, was Gott für dich getan hat: Er hat dich errettet; er hat dich befreit; er hat dich durch Situationen gebracht, von denen du nie gedacht hättest, dass du sie überstehst; und er liebt dich bedingungslos.

Frieden beginnt mit einem Lächeln.
– Mutter Teresa

KAPITEL 19

Ein lohnendes Opfer

Denk daran: Die glücklichsten Menschen sind nicht
die, die mehr bekommen, sondern die, die mehr
geben.

– H. Jackson Brown Jr.

Eine Geschichte erzählt, dass Kyrus, der Gründer des großen Persischen Reiches, einst einen ausländischen Prinzen und dessen gesamte Familie gefangen genommen hatte. Als man den Prinzen vor ihn brachte, fragte Kyrus den Kriegsgefangenen: »Was gibst du mir, wenn ich dich freilasse?« Der Prinz antwortete (und zweifelte wohl daran, dass dies geschehen würde): »Ich würde dir die Hälfte meines Besitzes geben.«

Ungerührt fragte Kyrus als Nächstes: »Was würdest du mir geben, wenn ich deine Kinder freilasse?« Der Prinz erwiderte: »Dafür würde ich dir alles geben, was ich besitze.«

Der persische Herrscher dachte einen Augenblick nach und stellte dann die Frage: »Was gibst du mir, wenn ich deine Frau freilasse?« Ohne auch nur eine Sekunde zu zögern, sagte der Gefangene: »Majestät, ich würde mein Leben für ihres geben. Ich gebe mich selbst.« Kyrus war von dieser Antwort so bewegt, dass er beschloss, die ganze Familie freizugeben.

Auf der Rückreise in ihr Heimatland erzählte der Prinz seiner Frau: »Die Legenden, die man sich über Kyrus erzählt, sind wahr. Er ist ein mächtiger, gutaussehender und wohlwollender Herrscher.« Doch mit von Liebe überströmendem Herzen erwiderte sie: »Das habe ich gar nicht bemerkt. Ich hatte nur Augen für dich – denjenigen, der bereit war, sich für mich zu geben.«[23]

Diese Geschichte veranschaulicht eine tiefe Wahrheit: Echte Liebe ist opferbereit. Wenn du jemanden wirklich liebst, bist du bereit, alles für ihn zu opfern. Sein Glück und sein Wohlergehen sind dir wichtiger als dein eigenes – dasselbe gilt für seine Sicherheit. Du wirst alles unternehmen, um ihm zu geben, was er braucht, selbst wenn du dafür Opfer bringen musst. Ich glaube, darüber sind wir uns einig: Liebe ist Opfer und Opfer ist Liebe.

Wenn wir über Opfer reden, gehen wir normalerweise davon aus, dass es sehr schmerzhaft ist. Tatsächlich ist eine Definition des Wortes Opfer »erlittener Verlust«.[24] Wir hören »Opfer« und denken an Arbeit, Unannehmlichkeiten oder Schmerz. *Ich muss meine Freizeit opfern, um im Beruf erfolgreich zu sein. Ich muss die köstlichen Desserts opfern, wenn ich dünner sein möchte. Wenn ich Muskeln aufbauen will, muss ich dafür Stunden im Fitnessstudio opfern.* Bei »Opfer« haben wir oft das Bild von Blut, Schweiß und Tränen im Kopf.

An dieser Vorstellung ist natürlich etwas Wahres dran (Opfer erfordern Anstrengung), aber ich habe etwas entdeckt, das im Zusammenhang mit diesem Thema selten angesprochen wird: Es macht große Freude, sich für andere aufzuopfern. Opfer bedeuten nicht nur Schmerz und Unannehmlichkeiten. Ein persönliches Opfer, um das Leben eines anderen zu bereichern, ist eine der freudigsten, lohnendsten Taten überhaupt.

Bring ein persönliches Opfer,
um das Leben eines anderen
zu bereichern.

Das wusste ich aber nicht immer. Es gab eine Zeit, in der ich zu sehr mit mir selbst beschäftigt war, um dieses biblische Prinzip zu verstehen. Doch im Laufe der Jahre hat Gott mir gezeigt, dass zu leben, um anderen zu helfen, eines der Dinge ist, die mich am glücklichsten machen. Dieses Glück ist ein natürliches Nebenprodukt. Je mehr ich versuche, anderen zu helfen, ihr Leben zu lieben, umso mehr beginne ich, mein eigenes Leben zu lieben.

In Hebräer 13,16 heißt es:

Vergesst nicht, Gutes zu tun und mit den anderen zu teilen, denn über solche Opfer freut sich Gott.

Ich weiß, dass wir alle Gott erfreuen wollen. Deshalb sollte uns die Tatsache, dass Gott sich freut, wenn wir Opfer für andere bringen, sofort ansprechen. Aber es gibt noch einen weiteren Vorteil: Es macht auch uns Freude. Ein aufopferndes Leben ist ein Leben, das du wirklich anfangen wirst zu lieben.

Die Bereitschaft, Opfer für andere zu bringen, bedeutet nicht, dass du keine Zeit mehr für dich selbst hast oder dein ganzes Leben nur noch aus opfern, opfern, opfern bestehen muss. Gott will, dass wir gut für uns selbst sorgen, aber er will nicht, dass wir der Mittelpunkt unseres Universums sind und ein egoistisches, ichbezogenes Leben führen. Der Heilige Geist wird dich dazu anleiten, in allen Bereichen deines Lebens ausgewogen zu sein, wenn du sensibel für seine Wegweisung wirst.

Mitgefühl ist ein Schlüssel zum Glück

Liebe hat viele verschiedene Facetten, aber einer ihrer wichtigsten Bestandteile ist die Selbstlosigkeit. In der Bibel wird dies als die Bereitschaft definiert, die eigenen Wünsche für die anderer zu opfern. Jesus ist das größte Beispiel dafür. Er hat alles geopfert. Er verließ seinen Thron im Himmel, um auf die Erde zu kommen. Sein gesamtes irdisches Wirken bestand daraus, anderen zu dienen, statt sich dienen zu lassen. Und er zahlte den höchsten Preis überhaupt, indem er sein Leben für dich und mich gab. Wir sollten uns immer bemühen, seinem Vorbild zu folgen. Die Welt sagt uns: *Nimm dir, so viel du kannst* und: *Bring deine Schäfchen ins Trockene.* Aber Jesus hat eine ganz andere

Haltung vorgelebt. Das Beispiel, das er uns gab, ist ein Leben, zu dem das Opfer für andere gehörte.

Es ist unmöglich, gleichzeitig glücklich und selbstsüchtig zu sein. Darum hat uns Gott die Fähigkeit geschenkt, *selbstlos* zu sein. In dieser Selbstlosigkeit finden wir wahren Frieden und wahre Zufriedenheit. Wenn wir das nicht begreifen, werden wir immer um Erfüllung kämpfen. Selbstsüchtige Menschen sind der Mittelpunkt ihres eigenen Lebens, und es fällt ihnen schwer, den Plan Gottes für ihr Leben zu erkennen und darin zu wachsen, besonders, wenn damit Aufopferung verbunden ist (und das ist immer der Fall). Ein ichbezogener Mensch erwartet von allen anderen, sich an ihn und seine Bedürfnisse anzupassen. Er weiß einfach nicht, wie er sich an die Bedürfnisse anderer anpassen soll, ohne wütend oder verstimmt zu werden.

Es ist unmöglich, gleichzeitig
glücklich und selbstsüchtig
zu sein.

Wie ich bereits erwähnt habe, war es früher sehr schwierig für mich, mich an andere anzupassen und Opfer für sie zu bringen. Ich wollte, dass es nach meinen Vorstellungen ging, und ich wurde wütend, wenn es nicht so war. Ich war selbstsüchtig. Ich wollte, was ich wollte, und zwar sofort. Es fiel mir sehr schwer, meine eigenen Wünsche an den Zeitplan eines anderen anzupassen. Viele meiner Verhaltensprobleme ließen sich auf die Angst vor Kontrolle zurückführen, denn mein Vater, der mich missbraucht hatte, hatte mich auch kontrolliert und beherrscht. Ich dachte, solange ich die Kontrolle behielt, wäre ich sicher. Doch Gott wünschte sich von mir das Vertrauen darauf, dass er mich beschützen würde, statt es selbst zu versuchen.

Ich bin sicher nicht die Einzige, die sich so verhalten hat. Kannst du verstehen, wie es mir ging? Fällt dir auf, dass du den ganzen Tag über dich selbst nachdenkst? *Wie wird sich diese Situation auf mich auswirken? Warum passieren mir diese*

Dinge? Ich kann es kaum erwarten, hier rauszukommen, damit ich machen kann, was ich will. Warum hilft mir diese Person nicht mehr? Es ist ja nicht so, als wären wir gegen die anderen – wir haben sie einfach nur nicht im Blick, weil wir zu sehr mit dem beschäftigt sind, was wir brauchen und wann wir es brauchen.

Doch dabei erkennen wir nicht, dass diese Beschäftigung damit, unsere eigene Lage zu verbessern, tatsächlich gar nichts verbessert. Stattdessen sind wir bloß frustriert und verbittert. Wir sehen nur, was wir *nicht* haben und was andere *nicht* für uns tun. Sobald wir den Blick weg von uns selbst richten und anfangen, nach Wegen zu suchen, wie wir uns für andere aufopfern können, kommt Gott und erfüllt unsere Bedürfnisse, während wir voller Freude daran arbeiten, die Bedürfnisse anderer zu stillen.

In meinem Leben begann Gott, mein Herz weich zu machen, und schließlich lernte ich, die Bedürfnisse anderer zu sehen. Ich fing an, Mitgefühl mit ihnen zu haben – den Herzenswunsch, ihre Bedürfnisse vor meinen zu stillen. Mit der Zeit entschloss ich mich mehr und mehr, in der Liebe zu leben. Ich lernte, meine eigenen Wünsche anzupassen, um den Bedürfnissen anderer gerecht zu werden. Es gibt immer noch genügend Situationen in meinem Leben, in denen ich egoistisch bin und Gott mich korrigieren muss, aber ich freue mich, dass ich nicht mehr so selbstsüchtig bin wie früher. Ich vertraue darauf, dass Gott mir auch weiterhin hilft, in meiner Bereitschaft zu wachsen, mich für andere aufzuopfern.

Nicht alle Menschen brauchen das Gleiche von uns; jeder ist anders. Unsere Kinder sind dafür ein wunderbares Beispiel. Ein Kind braucht mehr Zeit von uns, ein anderes mehr Ermutigung. Bei Freunden ist es genauso: Ihre Bedürfnisse sind unterschiedlich. Je mehr wir lernen, liebevoll und aufopfernd zu leben, desto mehr werden wir uns darum bemühen, ihnen zu geben, was sie brauchen, und nicht das, was für uns bequem ist. Manche Eltern machen den Fehler, ihren Kindern etwas zu kaufen, um ihnen ihre Zuneigung zu zeigen, während die Kinder in

Wirklichkeit Zeit mit ihnen verbringen oder Worte von ihnen hören wollen, die ihr Selbstbewusstsein stärken. Ich möchte dich ermutigen herauszufinden, was deine Familie und Freunde wirklich brauchen. Dann sei bereit, es ihnen zu geben, selbst wenn das bedeutet, dass du dafür Opfer bringen musst.

Glück geht mit Selbstlosigkeit Hand in Hand. Du kannst Gott im Geben nie übertreffen – je mehr du dich bemühst, seinen Kindern Gutes zu tun, umso mehr wird er auch dich segnen. Es wird nie einen Tag geben, an dem du denkst: *Ich wünschte, ich wäre heute nicht freundlich gewesen*, oder: *Ich bereue wirklich, dass ich vorhin meinen Freund/meine Freundin ermutigt habe.* Du wirst immer glücklicher zu Bett gehen, wenn du dir tagsüber Zeit genommen hast, für jemand anderen ein Opfer zu bringen.

Es wird nie einen Tag geben,
an dem du denkst: Ich wünschte,
ich wäre heute nicht freundlich
gewesen.

Opfer machen dich nicht zum Märtyrer

Wenn wir davon sprechen, für andere Opfer zu bringen, denken manche, dass sie dadurch zu Märtyrern werden. Wir haben alle von Männern und Frauen gehört, die im Laufe der Menschheitsgeschichte den höchsten Preis gezahlt und ihr Leben für ihren Glauben gegeben haben – sie sind Märtyrer. Doch es gibt noch eine andere Art von Märtyrern – diejenigen, die sich ihr »Martyrium« selbst auferlegt haben. Diese »Ach-ich-Armer«-Menschen haben weder Mut noch eine edle Gesinnung. Sie bringen Opfer, aber ohne die richtige Herzenshaltung. Sie bringen in Wirklichkeit Opfer, um sich gut zu fühlen und am Ende mit ihren vielen Opfern zu prahlen.

Wahrscheinlich bist du schon einmal einem solchen Menschen begegnet (oder vielleicht warst du so ein Mensch). Er erzählt allen, die zuhören, alle Einzelheiten über seine Opfer und alles, was er für andere tut. Er will, dass jeder weiß, wie viel er täglich für andere auf sich nimmt. Er ist erschöpft und unglücklich, weil er nicht aus der puren Freude am Opfer Opfer bringt, sondern um der Anerkennung willen.

Ich kannte einmal eine solche Frau. Sie fühlte sich wie eine Sklavin ihrer Familie und hatte definitiv eine Märtyrerhaltung. Sie redete von nichts anderem als davon, wie viel sie für alle tat und wie wenig die anderen sie wertschätzten. In unseren Gesprächen war es offensichtlich, dass sie genau Buch über alles führte, was sie tat und was sie im Gegenzug dafür als Lohn erhielt. Am Ende ruinierte diese innere Haltung viele ihrer Beziehungen.

Du sollst wissen, dass es leicht ist, in diese »Märtyrerfalle« zu tappen. Wenn unsere Beweggründe nicht rein sind, dienen wir vielleicht unseren Familien und Freunden, und anfangs gefällt es uns noch. Doch nach einer Weile verändert sich unser Herz und wir beginnen, im Gegenzug etwas dafür zu erwarten. Das ist kein echtes, fröhliches Opfer, sondern Manipulation. Und das kann passieren, wenn wir nicht täglich unser Herz und unsere Beweggründe Gott unterordnen. Immerhin arbeiten wir hart und opfern viel. Diese Haltung kann dazu führen, dass wir irgendwann unser dienendes Herz verlieren. Dann verbittern wir, weil unsere Erwartungen nicht erfüllt werden. Wir entwickeln eine negative Haltung und stellen bald fest, dass wir in Selbstmitleid versunken sind.

Was immer wir auch für andere tun, wir sollten es im Namen von Jesus und in der Abhängigkeit von ihm tun (siehe Kolosser 3,17), in dem Wissen, dass er uns belohnen wird (siehe Kolosser 3,23-34).

Wenn du dich also auf den Weg machst, den Menschen in deinem Leben zu dienen und Opfer für sie zu bringen, bitte

Gott um seine Hilfe, damit du es aus reinen Beweggründen tun kannst. Bitte ihn, dir zu zeigen, wie du so lieben kannst wie er – mit einer bedingungslosen und absolut freigiebigen Liebe. Ich möchte dies an einem letzten Beispiel veranschaulichen, und ich habe das Gefühl, dass du dich damit identifizieren wirst ...

Es ist nicht immer leicht, aber es lohnt sich

Ich erinnere mich noch besonders an einen Tag, an dem Gott mich ermutigte, etwas Nettes für Dave zu tun. Ich ging nach unten, um mir meinen Morgenkaffee zu machen, und Gott legte mir etwas ans Herz, das rückblickend ziemlich einfach war: »Mach einen Obstsalat für Dave.« Klingt ganz leicht, oder? Dave liebt Obstsalat zum Frühstück, und ich wusste, dass es eine sehr schöne Geste für ihn wäre. Er war noch nicht aufgestanden, also hatte ich mehr als genug Zeit, den Salat zuzubereiten und Dave damit zu überraschen, sobald er nach unten kam.

Es gab allerdings ein Problem: Ich hatte an dem Tag keine Lust, einen Obstsalat zu machen. Ich wollte es einfach nicht. Ich dachte daran, wie lange es dauern würde, das ganze Obst zu schnippeln. Ich wollte viel lieber beten und in der Bibel lesen! Ich wollte etwas tun, das ich für *geistlich* hielt. Aber das Geistlichste, was ich in dem Moment tun konnte, war tatsächlich, den Obstsalat mit einer guten inneren Einstellung zuzubereiten.

Heute muss ich darüber lachen, weil es lustig ist, dass wir fälschlicherweise meinen, eine geistliche Aktivität wie Gebet oder Bibellesen könnte an die Stelle des Gehorsams treten und uns zu einer Art »Superchrist« machen. So ist das aber nicht. Es gibt für alles eine richtige Zeit, und es gibt auf jeden Fall Zeiten, in denen wir studieren und beten und uns nicht durch andere Dinge ablenken lassen sollten. Doch Gott hatte es mir ans Herz gelegt, den Obstsalat zu machen, und das bedeutete, dass er für mich in diesem Moment nichts Wichtigeres vorgesehen hatte. Ich konnte gehorsam sein und hätte immer noch genügend Zeit für Bibelstudium und Gebet.

Während ich darüber nachdachte, wie sehr ich diesen Obstsalat *nicht* machen wollte, erinnerte Gott mich geduldig daran, dass dieses kleine Opfer für Dave tatsächlich mehr war, als nur meinem Ehemann zu dienen – es war ein Dienst an Gott. Also rate mal, was ich tat. Ich machte gehorsam den Obstsalat und überraschte Dave damit, als er an dem Morgen nach unten kam.

Es war eine ganz einfache Sache, aber in Gottes Augen gehören solche Dinge vielleicht zu den größten. Kleine Dinge sind nicht unbedingt das, worum Menschen viel Aufhebens machen, doch Gott sieht sie, und das ist viel wichtiger als alles andere.

Halte also heute nach kleinen oder großen Möglichkeiten Ausschau, ein Opfer für jemanden zu bringen. Lass einer Person in der Schlange den Vortritt. Biete einer Freundin eine Mitfahrgelegenheit an. Mähe jemandem den Rasen. Lächle. Ermutige einen Menschen. Oder mach einen Obstsalat! Worin das Opfer auch bestehen mag: Bei Gott wird es nie unbeachtet bleiben!

Nicht vergessen ...

- Echte Liebe ist opferbereit. Wenn du einen Menschen wirklich liebst, bist du bereit, alles für ihn zu opfern.
- Es ist ungemein lohnend, sich für andere aufzuopfern.
- Die Welt sagt uns: *Nimm dir, so viel du kannst* und: *Bring deine Schäfchen ins Trockene.* Aber Jesus hat eine ganz andere Haltung vorgelebt. Das Beispiel, das er uns gab, ist ein Leben zu dem das Opfer für andere gehört.
- Es ist unmöglich, gleichzeitig glücklich und selbstsüchtig zu sein.
- Bitte Jesus, dir zu zeigen, wie du so lieben kannst wie er – mit einer bedingungslosen, absolut freigiebigen Liebe.

Nachwort

Mein Gebet ist es, dass dir dieses Buch nicht nur gefallen hat, sondern dass Gott dir dadurch hilft, dein Leben wirklich lieben zu lernen. Dein Leben ist ein Geschenk von Gott, und wenn du dein Leben liebst, ist dies eine der besten Möglichkeiten, »Danke, Jesus!« zu sagen. Dein Leben – so wie meines – ist wahrscheinlich nicht perfekt und wird es nie sein, aber es ist das einzige Leben, das du hast. Nimm es also an und genieße das Abenteuer, mit Gott zu leben!

Lass die Liebe dein Leben bestimmen! Liebe Gott von ganzem Herzen, ganzer Seele, ganzer Verstand und ganzer Kraft. Liebe dich selbst, weil Jesus dich so sehr geliebt hat, dass er für dich gestorben ist. Und liebe andere Menschen. Das Ergebnis wird sein, dass du dein Leben lieben wirst!

Hast du eine echte Beziehung zu Jesus?

Gott liebt dich! Er hat dich als eine besondere, einzigartige, einmalige Person erschaffen, und er hat einen guten Plan für dein Leben. Durch eine persönliche Beziehung zu deinem Schöpfer – zu Gott – kannst du ein Leben entdecken, das deine Seele wahrhaftig zufrieden machen wird.

Ganz gleich wer du bist, was du getan hast, wo du gerade in deinem Leben stehst: Gottes Liebe und Gnade sind größer als deine Sünde, deine Fehler. Jesus hat sein Leben bereitwillig gegeben, damit du Vergebung von Gott und ein neues Leben durch ihn empfangen kannst. Er wartet nur darauf, dass du ihn einlädst, dein Retter und Herr zu sein.

Wenn du bereit bist, dein Leben Jesus ganz anzuvertrauen und ihm zu folgen, musst du nichts weiter tun, als ihn zu bitten, dass er dir deine Sünden vergibt und dir einen Neustart schenkt, um das Leben zu führen, zu dem du erschaffen bist. Am Anfang kann das folgende Gebet stehen:

Jesus, danke, dass du dein Leben für mich gegeben hast und mir meine Sünden vergibst, sodass ich eine persönliche Beziehung zu dir haben kann. Die Fehler, die ich gemacht habe, tun mir von Herzen leid, und ich weiß, dass ich dich und deine Hilfe brauche, um richtig leben zu können.

Dein Wort sagt in Römer 10,9: »Wenn du mit deinem Mund bekennst, dass Jesus der Herr ist, und wenn du in deinem Herzen glaubst, dass Gott ihn von den Toten auferweckt hat, wirst du gerettet werden.« Ich glaube, dass du der Sohn Gottes bist, und bekenne dich als meinen Retter und Herrn. Bitte nimm mich an, so wie ich bin, und wirke in meinem Herzen. Mach mich zu dem Menschen, der ich nach deinem Willen sein soll.

Ich möchte für dich leben, Jesus, und ich bin so dankbar, dass du mir heute einen Neuanfang für ein Leben mit dir schenkst. Ich liebe dich, Jesus!

Es ist wunderbar zu wissen, dass Gott uns so sehr liebt! Er wünscht sich eine tiefe, persönliche Beziehung zu uns, die jeden Tag wächst, während wir durch Gebet und Bibelstudium Zeit mit ihm verbringen. Wir möchten dich in deinem neuen Leben mit Jesus Christus ermutigen.

Auf unserer Website joyce-meyer.de gibt es auch andere Materialien, die dir helfen können, Fortschritte auf deiner Entdeckungsreise hin zu allem zu machen, was Gott für dich bereithält. Außerdem empfehlen wir dir, an einem Glaubensgrundkurs teilzunehmen, z. B. an einem »Alpha-Kurs«. Unter alphakurs.de findest du sicher ein Treffen in deiner Nähe.

Herzlichen Glückwunsch zu deinem Neustart – deinem Leben mit Jesus Christus! Wir hoffen, bald von dir zu hören.

Quellenverzeichnis

1 https://www.goodreads.com/author/quotes/401826.John_Flavel?page=1 (letzter Zugriff 18.07.2019).

2 https://www.brainyquote.com/quotes/quotes/h/henrywardb121544.html (letzter Zugriff 18.07.2019).

3 https://www.great-inspirational-quotes.com/i-would-pick-more-daisies.html (letzter Zugriff 18.07.2019).

4 https://www.wsj.com/articles/SB10000872396390443989204577603341710975650 (letzter Zugriff 16.06.2019).

5 http://www.goodreads.com/author/show/268402.Martha_Washington (letzter Zugriff 18.07.2019).

6 https://www.brainyquote.com/quotes/quotes/h/henrydavid108393.html (letzter Zugriff 18.07.2019).

7 http://www.goodreads.com/quotes/69144-humor-is-mankind-s-greatest-blessing (letzter Zugriff 18.07.2019).

8 http://ministry127.com/resources/illustration/this-is-the-time-to-give (letzter Zugriff 18.07.2019).

9 https://quotefancy.com/quote/823157/Henri-J-M-Nouwen-To-give-someone-a-blessing-is-the-most-significant-affirmation-we-can (letzter Zugriff 18.07.2019).

10 https://www.brainyquote.com/quotes/quotes/r/robertfros101059.html?src=t_words (letzter Zugriff 18.07.2019).

11 Bearbeitet aus *Sower of Seeds*, FR. Brian Cavanaugh, Paulist Press, Bits & Pieces, 22. Juni 1995, S. 2-3.

12 https://www.brainyquote.com/quotes/unknown_134717?src=t_life (letzter Zugriff 18.07.2019).

13 http://www.nydailynews.com/news/national/70-u-s-workers-hate-job-poll-article-1.1381297 (kein Zugriff aus europäischen Ländern möglich/ 18.07.2019).

14 https://www.brainyquote.com/quotes/quotes/k/kristinarm569046.html?src=t_contentment (letzter Zugriff 18.07.2019).

15 https://bible.org/illustration/f-w-woolworth (letzter Zugriff 18.07.2019).

16 http://www.chrisreevehomepage.com/sp-dnc1996.html (letzter Zugriff 18.07.2019).

17 https://www.brainyquote.com/quotes/quotes/l/louiseboo170206.html (letzter Zugriff 18.07.2019).

18 So berichtet in: *Deep Cove Crier*, November 1993, Reporter Interactive (umr.org), Mai 2001, und bei Tony Campolo, *Let Me Tell You a Story*; https://storiesforpreaching.com/category/sermonillustrations/gods-love/ (letzter Zugriff 18.07.2019).

19 http://ministry127.com/resources/illustration/giving-away-what-wasn-t-his (letzter Zugriff 18.07.2019).

20 Zitiert auf http://www.sermonillustrations.com/a-z/l/love.htm (letzter Zugriff 18.07.2019).

21 http://www.sermonillustrations.com/a-z/f/friendship.htm (letzter Zugriff 18.07.2019).

22 http://www.goodreads.com/quotes/tag/friendship (letzter Zugriff 18.07.2019).

23 http://www.sermonillustrations.com/a-z/s/sacrifice.htm (letzter Zugriff 18.07.2019).

24 http://www.thefreedictionary.com/sacrifice (letzter Zugriff 18.07.2019).

Joyce Meyer

Joyce Meyer ist eine der weltweit bekanntesten Bibellehrerinnen. Als Bestsellerautorin hat sie mehr als 100 wegweisende Bücher geschrieben, unter anderem „Gib niemals auf", „Powergedanken" sowie „Das Schlachtfeld der Gedanken". Die meisten ihrer Bücher wurden in mehr als 140 Sprachen übersetzt. Darüber hinaus hat sie Tausende von Lehrvorträgen auf CD und DVD herausgegeben. Die Radio- und Fernsehprogramme *Enjoying Everyday Life (Das Leben genießen)* werden weltweit ausgestrahlt. Joyce und ihr Mann Dave haben vier erwachsene Kinder und leben in St. Louis, Missouri, USA.

Über Joyce Meyer Ministries (JMM)

Hand of Hope – der christliche Hilfsdienst von Joyce Meyer

Joyce und Dave Meyers zentrales Anliegen ist es, armen und verletzten Menschen in der ganzen Welt zu helfen. Es geht darum, nicht nur zu reden, sondern auch konkret zu handeln. Darum bringt Joyce Meyer Ministries (JMM) humanitäre Hilfe in verschiedene Krisenregionen der Welt. Dies geschieht mit neun internationalen Büros und in Zusammenarbeit mit über 35 weltweit tätigen Missionsgesellschaften.

Auf diese Weise werden über 29 Millionen Mahlzeiten pro Jahr in den Hungerregionen der Welt ausgegeben, 10 Waisenheime in armen Ländern unterhalten, Dörfer mit sauberem Trinkwasser versorgt und Tausende von Gefängnisinsassen unterstützt. Außerdem gründet und fördert JMM Gemeinden in Ländern, wo Christen unter Verfolgung leiden, bietet medizinische Hilfe und hilft alten wie jungen Menschen in den „Gettos" von Großstädten, wie mit dem Dream Center in St. Louis. Mehr Infos unter **joyce-meyer.de/hand**

TV und Radio

Die *Enjoying Everyday Life (Das Leben genießen)*-Sendungen in Radio und Fernsehen erreichen täglich Hunderttausende weltweit. Im September 1993 konnte das Programm wöchentlich auf zwei Kanälen empfangen werden. Heute wird *Enjoying Everyday Life* täglich und wöchentlich von über 1000 TV- und Radiosendern weltweit ausgestrahlt. Das Programm wird mittlerweile in 95 Sprachen übersetzt und kann sogar in der arabischen Welt empfangen werden.

Internet

Unter **joyce-meyer.de** können Sie die Sendung *Das Leben genießen* rund um die Uhr sehen. Außerdem erhalten Sie dort aktuelle Informationen, können Bücher, eBooks und Geschenkartikel bestellen, sich kostenfrei zur täglichen Andacht anmelden oder Kontakt zu uns aufnehmen.

Vorträge von Joyce Meyer in anderen Sprachen finden Sie unter **tv.joycemeyer.org**

Werden Sie Follower von Joyce Meyer auf Instagram! Lassen Sie sich täglich von ihr ermutigen und auf dem Laufenden halten: **instagram.com/joycemeyergermany** Oder sehen Sie die TV-Sendungen online auf **youtube.com/joycemeyergermany**

Konferenzen

Konferenzen quer durch die USA sind nach wie vor Joyce Meyers Leidenschaft. Die Menschen kommen in Scharen und Joyce predigt das Wort Gottes und gibt praktische Lebenshilfe in der ihr eigenen direkten und humorvollen Art. Gleichzeitig werden diese Konferenzen für Fernsehsendungen aufgezeichnet.

Joyce Meyers persönliches Geschenk an Sie

Als Leser dieses Buches können Sie jetzt ein kostenloses Geschenk von Joyce Meyer erhalten. Einfach diesen Gutschein-Code [BK1019] mit Ihrer Anschrift versehen und an

Joyce Meyer Ministries Deutschland
Postfach 76 10 01
22060 Hamburg

Joyce Meyer Ministries Schweiz
Bernstrasse 133
3627 Heimberg

schicken oder ins Internet gehen unter **joyce-meyer.de/geschenk** Dort Adresse und Gutschein-Code eingeben und abschicken. Sie können uns auch gerne anrufen:

Zuschauer- und Bestellservice:
Deutschland: 040 88 88 4 11 11
Schweiz: 0848 88 00 11

Das Geschenk wird vierteljährlich verschickt. Wir bitten deshalb um etwas Geduld.

Weitere Bücher & DVDs von Joyce Meyer

Themenwelt: Seelischen Schmerz heilen

Heilung für die Seele einer Frau
Wie du emotionalen Schmerz erkennst und überwindest
288 Seiten, Paperback, auch als **eBook** erhältlich
ISBN 978-3-945678-28-2
EUR 14.50 | CHF 20.30
Gott kann und möchte jeden Schmerz heilen – auch Ihren.
Lassen Sie sich durch Joyce Meyers Geschichte ermutigen.
Sie wurde missbraucht, vernachlässigt und betrogen – und
durfte erleben, wie die erlösende Liebe von Jesus Christus
ihre emotionalen Wunden heilte. Dieses Buch wird Ihnen
helfen, Ihren eigenen Schmerz zu erkennen und Schritt für
Schritt zu überwinden.

Süchtig nach Anerkennung
Hör auf, allen gefallen zu wollen
304 Seiten, Paperback, auch als **eBook** erhältlich
ISBN 978-3-945678-31-2
EUR 12,– | CHF 16.80
Brauchen Sie immer Bestätigung für das, was Sie tun?
Beschäftigt es Sie, was die Leute über Sie denken? Hinter der
Suche nach Anerkennung verbirgt sich oft der tiefe Wunsch,
Gefühle von Ablehnung und geringer Selbstachtung zu
überwinden. Diesem emotionalen Schmerz kann jedoch nur
Gott mit seiner Liebe und Annahme angemessen begegnen.
In diesem Buch beschreibt Joyce Meyer, wie man von der
Sucht nach Anerkennung frei wird.

Gut aussehen – Gut fühlen
12 Schlüssel für ein gesundes, erfülltes Leben
256 Seiten, Paperback, auch als **eBook** erhältlich
ISBN 978-3-939627-09-8
EUR 14,50 | CHF 20.–
Sie sind unendlich wertvoll für Gott! Dennoch haben viele
Menschen ein niedriges Selbstwertgefühl und gehen auch
entsprechend nachlässig mit ihrem Körper um. Joyce Meyers
12-Schlüssel-Plan führt Sie durch überraschende biblische
Erkenntnisse sowie praktische Tipps für einen gesunden, ent-
spannten Lebensstil, damit Sie sich gut fühlen und obendrein
noch gut aussehen.

Tu dir selbst einen Gefallen – vergib!
Geh den Weg der Versöhnung und erlebe Freiheit
208 Seiten, Paperback, auch als **eBook** erhältlich
ISBN 978-3-945678-27-5
EUR 9,90 | CHF 13.90
Warum sollten Sie vergeben, wenn Sie zutiefst verletzt
worden sind? In diesem Buch erklärt Joyce Meyer, dass
Vergebung der Schlüssel zur Freiheit von Aufruhr ist, den der
Zorn hervorruft. Lassen Sie nicht länger zu, dass Wut und
Unversöhnlichkeit Ihr Leben vergiften, sondern geben Sie
Gott eine Chance, Ihren Schmerz zu heilen.

Heilung für zerbrochene Herzen
96 Seiten, Paperback, auch als **eBook** erhältlich
ISBN 978-3-945678-17-6
EUR 4,80 | CHF 6.80
Gott hat einen wunderbaren Plan für unser Leben, aber
oft fällt es uns schwer, das zu glauben und zu erleben, weil
uns Verletzungen aus der Vergangenheit plagen und uns
gefangen halten. Lernen Sie, wie Gott Sie sieht. Sie werden
erleben, wie seine Liebe Sie zur Ruhe bringt, Hoffnung für
die Zukunft gibt und Ihr verwundetes Herz heilt.

Gott ist nicht böse auf dich – Wie man echte Liebe erfährt,
Annahme findet und ohne Gewissensbisse lebt
280 Seiten, Paperback, auch als **eBook** erhältlich
ISBN 978-3-939627-40-1
EUR 18,– | CHF 24.90
Joyce Meyer wendet sich an diejenigen, die Schwierigkeiten
haben, Gottes Liebe für sich persönlich anzunehmen. Sie
untersucht die unterschiedlichen Gründe und Erlebnisse, die
zu einem Misstrauen Gott gegenüber führen, und beleuchtet
Gottes wahren Charakter anhand der Bibel. Machen
Sie Schluss mit falschen Vorstellungen von Gott – seine
Vergebung und unveränderliche Liebe gelten Ihnen!

Bestellservice: D: **040 888841111** CH: **0848 880011** oder unter **joyce-meyer.de/shop**

Themenwelt: Persönlichkeit stärken

Der Tag gehört dir
Gefühlskämpfe überwinden durch die Kraft des Wortes Gottes
288 Seiten, Paperback, auch als **eBook** erhältlich
ISBN 978-3-945678-13-8
EUR 13,90 | CHF 19.50
Sie haben nur ein Leben. Was tun Sie damit? Mit Gott an Ihrer Seite können Sie das Beste aus jedem Tag machen und das erreichen, was Gott für Sie vorbereitet hat. Joyce Meyer gibt Tipps für Ihre Zeit- und Lebensplanung und leitet Sie an, jeden Tag bewusst zu gestalten und mit Entschlossenheit die Ziele Gottes für Ihr Leben umzusetzen.

Gib niemals auf
Sei fest entschlossen, die Herausforderungen des Lebens zu meistern
304 Seiten, Paperback, auch als **eBook** erhältlich
ISBN 978-3-939627-23-4
EUR 13,– | CHF 18.30
Jeder hat schon einmal versagt oder ist an einer Sache gescheitert. Wichtig ist, in diesen Momenten nicht aufzugeben, sondern die eigenen Träume und Ziele mutig weiterzuverfolgen. In diesem Buch verbindet Joyce Meyer inspirierende und verblüffende Geschichten von unterschiedlichen Menschen mit ganz praktischer Lebenshilfe und Anleitung, wie Hindernisse überwunden werden können. Ein absoluter Mutmacher, der herausfordert, aufzustehen und sich nicht unterkriegen zu lassen!

Nur Mut!
Lebe leidenschaftlich und zielgerichtet
368 Seiten, Paperback, auch als **eBook** erhältlich
ISBN 978-3-939627-25-8
EUR 16,50 | CHF 23.–
Leidenschaft oder Langeweile – Sie haben die Wahl! Um jeden Morgen motiviert aufzustehen, ist es wichtig, Ziele zu haben und die von Gott gegebene Bestimmung für unser Leben zu erkennen. Gleichzeitig brauchen wir ein Herz voller Leidenschaft. In diesem Buch fordert Joyce Meyer Sie heraus, diese Dinge zu entwickeln und unproduktive Haltungen zu überwinden. Jedes Kapitel enthält außerdem praktische Tipps zur konkreten Umsetzung. Wagen Sie es!

Lass dich nicht entmutigen
128 Seiten, Hardcover
ISBN 978-3-945678-01-5
EUR 12,80 | CHF 18.–
Stress, Sorge, Unsicherheit, Niedergeschlagenheit – alles keine Fremdwörter für Sie? Lassen Sie sich von Joyce Meyer ermutigen, Trost, Sicherheit und Hilfe bei Gott zu suchen. Er hat eine Perspektive für Ihr Leben! Die kurzen Impulse und Bibelverse laden zum Nachdenken ein und machen Mut, von Gott alles zu erwarten.

Über den Gefühlen stehen
Wie Sie emotional nicht baden gehen
288 Seiten, Paperback, auch als **eBook** erhältlich
ISBN 978-3-939627-31-9
EUR 14,– | CHF 19.60
Gefühle können sehr stark sein und unsere Aufmerksamkeit fordern. Dennoch sollten wir uns nicht von ihnen kontrollieren lassen. Wer abwarten muss, wie ihm zumute ist, ehe er den Tag genießen kann, überlässt seinen Gefühlen die Herrschaft. Joyce Meyer beschreibt, welche Gefühlsskala Menschen durchlaufen. Sie verbindet die Weisheit der Bibel mit psychologischen Erkenntnissen und gibt dem Leser Werkzeuge an die Hand, auf produktive Weise mit den eigenen Emotionen umzugehen.

Neu: „Stark und mutig"-Aufstellbuch
Unsere „Stark und mutig"-Produkte – zum Verschenken oder Sich-selbst-Beschenken!
Abwechselnd 26 Bibelzitate & 26 Impulse von Joyce
Insgesamt 52 Seiten | Art.-Nr. 446781032
EUR 12,– | CHF 16.80

Neu: „Stark und mutig"-Postkarten-Set
18 verschiedene Postkartenmotive
Art.-Nr. 446781033
EUR 10,– | CHF 14.–

Themenwelt: Mit Jesus den Alltag meistern

Mach dir keine Sorgen
Die Kunst, seine Lebensängste Gott zu überlassen
208 Seiten, Paperback, auch als **eBook** erhältlich
ISBN 978-3-939627-37-1
EUR 10,– | CHF 14.–
Treffen Sie die Entscheidung, sich im Alltag nicht länger von Ihren Ängsten und Sorgen niederdrücken zu lassen! Sie dürfen Gott vertrauen. Er kümmert sich um Sie und schenkt innere Ruhe in den unmöglichsten Situationen. Joyce Meyer erklärt in diesem Buch, wie Sie Ihre Sorgen auf Gott werfen, aber gleichzeitig Verantwortung für Ihr Leben übernehmen können.

Voller Hoffnung
Erwarte jeden Tag etwas Gutes
240 Seiten, Paperback, auch als **eBook** erhältlich
ISBN 978-3-945678-06-0
EUR 10,– | CHF 14.–
In der Hoffnung auf Gott liegt die Kraft, die Ihr Leben verändert. Eine neue Lebensfreude wartet auf Sie, sobald Sie anfangen, Gutes von Gott zu erwarten. Entdecken Sie, wie Sie sich von Entmutigung befreien und stattdessen Ihre Träume umsetzen können. In diesem Buch gibt Joyce Meyer praktische Tipps, wie Sie Hoffnung im Alltag einüben und auch konkret zum Ausdruck bringen können. Das wird Ihnen die Tür öffnen zu den unbegrenzten Möglichkeiten Gottes.

Die Kraft einfachen Gebets
Wie man mit Gott über alles reden kann
320 Seiten, Paperback, auch als **eBook** erhältlich
ISBN 978-3-939627-26-5
EUR 16,– | CHF 22.50
Oft sehen wir das Gebet als ein Mittel zum Zweck. Wir beten, weil wir bestimmte Wünsche an Gott haben oder seine Hilfe bei der Lösung von Problemen benötigen. Doch mit Gott reden bedeutet mehr. In diesem Buch leitet Joyce Meyer Sie zu einem tieferen und interaktiveren Gebetsleben an, das von Ehrlichkeit und Natürlichkeit geprägt ist und dazu noch Spaß macht.

20 Tipps für einen glücklichen Tag
240 Seiten, Paperback, auch als **eBook** erhältlich
ISBN 978-3-945678-14-5
EUR 12,90 | CHF 17.–
Finden Sie sich mit schlechten Tagen einfach ab? Das hilft
nicht weiter, sagt Joyce Meyer. Sie hat 20 alltagstaugliche
Möglichkeiten entdeckt, wie Sie aus jedem Augenblick das
Beste machen können. Lernen Sie mit Gottes Hilfe Ihr Leben
in positive Bahnen zu lenken und schon heute glücklich und
zufrieden zu sein – nicht erst morgen.

Überlastet
Wie Stress Sie nicht mehr stresst
256 Seiten, Paperback, auch als **eBook** erhältlich
ISBN 978-3-945678-07-7
EUR 12,90 | CHF 17.–
Niemand ist immun gegen Stress. Doch wir sind ihm auch
nicht hilflos ausgeliefert. Entdecken Sie biblische Wahrheiten
und von Joyce Meyer selbst erprobte Lösungen, die Ihnen im
Alltag helfen werden, besser mit stressigen Situationen
umzugehen. Und denken Sie immer daran: Gottes Hilfe
steht Ihnen zur Verfügung!

Alles nur Gewohnheit
Wie Sie gute Gewohnheiten entwickeln und schlechte loswerden
208 Seiten, Paperback, auch als **eBook** erhältlich
ISBN 978-3-939627-39-5
EUR 10,– | CHF 14.–
Gute Gewohnheiten verleihen unserem Leben Frieden und
Kraft, die schlechten rauben uns die Freude und stehen
unserem Erfolg im Weg. Joyce Meyer erklärt, wie Sie sich
Gutes angewöhnen und gleichzeitig mit schlechten Gewohnheiten brechen können. Das betrifft Bereiche wie Glauben, Disziplin, Großzügigkeit, Entschlossenheit, Selbstver-
trauen und unsere Gottesbeziehung.

Bestellservice: D: **040 888841111** CH: **0848 880011** oder unter **joyce-meyer.de/shop**

Themenwelt: Mit Jesus den Alltag meistern

Jetzt mal Klartext
Gefühlskämpfe überwinden durch die Kraft des Wortes Gottes
424 Seiten, Hardcover, auch als **eBook** erhältlich
ISBN 978-3-939627-10-4
EUR 19,– | CHF 26.80
Joyce Meyers Ratgeber zu den Themen Stress, Einsamkeit, Angst, Depression, Entmutigung, Unsicherheit und Sorgen. Niemand muss sich von negativen Gefühlen kleinkriegen lassen. Joyce liefert erfrischende, lebensverändernde Einsichten mit Geschichten aus ihrem persönlichen Leben, praktischen Ratschlägen und vielen Bibelstellen.

Gottes Plan für dich
Entdecke die Möglichkeiten
132 Seiten, Hardcover
ISBN 978-3-945678-56-5
EUR 16,– | CHF 22.50
Viele Menschen erleben kein erfülltes Leben, weil sie sich ständig vergleichen und versuchen, jemand anderes zu sein. Ihnen ruft Joyce Meyer zu: Sei du selbst! Entwickle dein Potenzial! Mit einem Schlüsselgedanken pro Seite, untermauert mit dem Wort Gottes, führt dieses Buch den Leser durch Schritte wie Selbstannahme, Heilung und Vertrauen. Kurz wie ein Andachtsbuch, mit tiefen Einsichten und erfrischend einfach für jeden Tag.

100 Dinge, die das Leben leichter machen
216 Seiten, Hardcover, auch als **eBook** erhältlich
ISBN 978-3-939627-19-7
EUR 13,80 | CHF 19.30
Viele Menschen empfinden ihr Leben als kompliziert und sind deshalb frustriert, verwirrt, gestresst und erschöpft. Doch vielleicht wird es erst anstrengend durch die Art, wie wir es anpacken? Joyce Meyer erklärt, wie man Stressfaktoren reduzieren oder beseitigen kann, die ansonsten unseren Tagesablauf verkomplizieren, vollstopfen und verhindern, dass wir unser Leben wirklich genießen.

Trotz allem Gott vertrauen

Wie Zweifel und Sorgen dein Leben nicht erschüttern müssen.
272 Seiten, Paperback, auch als **eBook** erhältlich
ISBN 978-3-945678-19-0
EUR 13,50 | CHF 18.90
Fragen Sie sich auch manchmal: „Wo ist eigentlich Gott? Wie kann ich noch an ihn glauben, angesichts all der Probleme um mich herum?" Mit diesen Fragen sind Sie nicht allein und Gott hält sie gut aus. Joyce Meyer möchte mit diesem Buch den Blick dafür öffnen, dass es möglich ist, Gott jederzeit und in allem zu vertrauen. Mitten in der Lebenskrise. Unter schwierigsten Umständen. Trotz existenzieller Ängste und unbeantworteter Fragen. Entdecken Sie, wie Sie die Stürme und Widrigkeiten des Lebens mit Frieden im Herzen meistern können.

Powergedanken

12 Strategien für einen Sieg auf dem Schlachtfeld der Gedanken
336 Seiten, Paperback, auch als **eBook** erhältlich
EUR 17,– | CHF 23.80
ISBN 978-3-939627-27-2
Werden Sie immer wieder von negativen Gedanken bedrängt und können diese nur schwer abschütteln? Lassen Sie nicht länger zu, dass Ihre Gedankenwelt zu einem geistigen Schrottplatz verkommt! In „Powergedanken" – dem Nachfolgeband zu „Das Schlachtfeld der Gedanken" – leitet Joyce Meyer Sie anhand biblischer Prinzipien an, neue Denkweisen zu entwickeln, die das Leben positiv beeinflussen.

Mutmacher-Postkarten-Sets

Mut machende Gedanken von Joyce
5 Karten in jedem Set
Set 1: Artikel-Nr. 446781015
Set 2: Artikel-Nr. 446781016
Je Set EUR 5,– | CHF 7.–
Unsere Postkarten mit Ermutigungen von Joyce – eine tolle Geschenkidee! Alle Motive finden Sie im Onlineshop:
joyce-meyer.de/postkarten

Bestellservice: D: **040 888841111** CH: **0848 880011** oder unter **joyce-meyer.de/shop**

Die Joyce Meyer Themenhefte

EUR 3,30 | CHF 4.60

Sich selbst annehmen
112 Seiten, geheftet
Art.-Nr. 446781023

Gnade – Gott ist für dich
100 Seiten, geheftet
Art.-Nr. 446781021

Wege aus Mobbing und Ablehnung
88 Seiten, geheftet
Art.-Nr. 446781022

Erlebte Heilung
48 Seiten, geheftet
Art.-Nr. 446781007

Lerne Gott zu vertrauen
56 Seiten, geheftet
Art.-Nr. 446781011

Erfüllt mit dem Heiligen Geist
64 Seiten, geheftet
Art.-Nr. 446781005

Geordnete Finanzen
40 Seiten, geheftet
Art.-Nr. 446781014

Set: alle 7 Themenhefte
Art.-Nr. 446781024
EUR 19,80 | CHF 27.70

Wir schenken Ihnen Impulse für Ihr Leben mit Gott.

Möchten Sie in Ihrem Leben mit Gott vorankommen? Wir unterstützen Sie darin und schenken Ihnen wertvolle Impulse von Joyce Meyer.
Lassen Sie sich inspirieren!

Bestellen Sie kostenlos:

Das Joyce Meyer Magazin „Das Leben genießen"

- Lebensnah
- Humorvoll
- Per Post

joyce-meyer.de/magazin oder
per Telefon 040 88 88 4 11 11

**Gestärkt in den Tag:
Die tägliche Andacht**

- Mut machend
- Erfrischend
- Per E-Mail

Melden Sie sich kostenlos an unter:
joyce-meyer.de/andacht

Schreiben Sie uns!

Was hat Ihnen dieses Buch konkret gebracht? Haben Sie Anregungen?
Möchten Sie Joyce Meyer Ministries etwas mitteilen? Dann schreiben Sie uns.

**Joyce Meyer Ministries
Postfach 76 10 01
22060 Hamburg**

**Joyce Meyer Ministries Schweiz
Bernstrasse 133
3627 Heimberg**

**Zuschauer- und Bestellservice:
Deutschland: 040 88 88 4 11 11**   Schweiz: 0848 88 00 11

Weitere Bücher und DVDs unter **joyce-meyer.de/shop**